Elisabeth Zentz

Mütter in des Meisters Hand

Verlag der
Francke-Buchhandlung GmbH
Marburg an der Lahn

Lizenzausgabe
mit freundlicher Genehmigung des
Verlags der St.-Johannis-Druckerei C. Schweickhardt
Lahr-Dinglingen

CIP-Kurztitelaufnahme der Deutschen Bibliothek

Zentz, Elisabeth:
Mütter in des Meisters Hand / Elisabeth Zentz. –
Marburg an der Lahn: Francke, 1984.
(Edition C: E, Erzählungen; 13)
ISBN 3-88224-367-8
NE: Edition C / E

ISBN 3 88224 367 8
Umschlaggestaltung: LITERA
Titelfoto: Archiv St.-Johannis-Dreuckerei
Gesamtherstellung:
St.-Johannis-Druckerei C. Schweickhardt
7630 Lahr-Dinglingen
Printed in Germany 20059/1984

ZUM GELEIT

Was in diesem Büchlein erzählt wird, ist nicht erdacht, sondern erlebt. Darum trägt es auch das Merkmal der Echtheit. Hier werden Probleme angefaßt, denen niemand ausweichen kann: das Leid um das Sterben einer jungen Frau, die Aufnahme eines Nachgeborenen im Geschwisterkreis, das Verhältnis von alt und jung, das Werben einer Stiefmutter um das Vertrauen der Kinder, die Not einer Mischehe. Aber die hier geschilderten Charaktere haben eine Überwindung der Schwierigkeiten erlebt, weil sie sich selbst von Christus haben überwinden lassen. Deshalb stehen sie in einem geheiligten Alltag und führen ein christliches Familienleben. Das mag der Grund dafür sein, daß von ihnen bei all ihrer Klarheit und Unerbittlichkeit so viel Wärme und Frieden ausgeht. In ihrer Nähe wird einem wohl. Man bekommt in aller Müdigkeit und Unsicherheit wieder Mut, den Weg an des Meisters Hand weiterzugehen. So tun diese Erzählungen unseren Müttern den unschätzbaren Dienst einer echten Lebenshilfe aus dem Geist des Evangeliums. Diese Hilfe ist nicht billig. Was hier vorgelebt wurde, ist entschiedene Nachfolge Jesu. Es mag sein, daß die Klarheit und Ganzheit nicht allen zusagt. Aber die Mütter, die uns hier begegnen, sind durch Gehorsam gegen den Herrn glücklich geworden und haben andere glücklich gemacht.

Die Verfasserin beweist ein großes Erzählertalent, das an die Dichterpfarrer Karl Hesselbacher und Paul Jaeger erinnert. Die Erlebnisse sind packend geschildert und nehmen einen in das Geschehen mit hinein. Aus der Hetze des Tages wird man behutsam in die Stille geführt, in der Gott reden kann.

Ich wünsche diesem Büchlein einen weiten Leserkreis. Möchten doch im Nacherleben des Gelesenen recht viele Frauen das werden, was der Titel verheißt: „Mütter in des Meisters Hand!"

Dekan A. Zeilinger

MUTTERS ERSTES FEST

Es mag vor etwa 30 Jahren gewesen sein, als hierzulande noch nicht die Rede war von Muttertag. Da las ich in einem Blatt des Auslandes von diesem sinnigen Fest. Und sogleich stand mir mein Mütterlein vor der Seele, dieses schlichte, vielgeplagte, allzeit überlastete, nie gefeierte und dennoch so hingebende Mütterlein, dem ich so viel verdankte. Wenn eine einzige Mutter auf der Welt diesen Festtag verdiente, war nicht sie es? Und warum sollte sie nicht die erste sein in unserem Dorf, die diesen Tag feiern durfte?

Ich schrieb meinem ältesten Bruder, der gleich mir vor kurzem auswärts seine erste Anstellung erhalten hatte, und meinem jüngsten, der in Paris in der Lehre war. Beide gingen begeistert auf meinen Plan ein und machten es möglich, für diesen Tag Urlaub zu bekommen. Dann wandte ich mich an meine Schwester im Elternhaus. Die mußte ja das Fest vorbereiten. Ein ordentlicher Anteil meines Monatsgehalts sollte ihr dabei behilflich sein. Und der zweite meiner Brüder, der zu Hause das Bäckerhandwerk erlernte, sollte seine ganze Kunst erproben. Bei ihm wurde eine Torte bestellt — nun, die größte Form, die er auftreiben würde, und verziert sollte sie sein. Er sollte einfach zeigen, was er konnte. Auf jeden Fall mußte draufstehen: „Unserer lieben Mutter zum Muttertag", damit sie wenigstens wußte, was los war.

Die Überraschung gelang prächtig. Als ich, die ich sonst nur in längeren Ferien zu Hause war, eines Samstagabends der Mutter beim Kartoffelschälen in der Küche plötzlich gegenüberstand, fiel ihr vor freudigem Schreck das Messer aus der Hand. Ein wenig Schrecken war schon dabei, und erst, als ich sie überzeugt hatte, daß wirklich nichts passiert war und nur die „Sehnsucht nach Hause“ mich hergetrieben hatte, siegte die Freude. Beim Abendbrot lachte unversehens der Älteste durchs Fenster mit einem mächtigen Maiblumenstrauß. Ja, da brachte sie den Mund nicht mehr zusammen vor Vergnügen.

„Gib acht, Mutter“, neckten wir, „was sich zweit, das dritt sich.“ Aber da blitzten ihre sanften braunen Augen uns vorwurfsvoll an: „Seit wann seid ihr abergläubisch?“ Dennoch verriet das Leuchten, das auf ihre Züge trat, daß ihre Gedanken nun den Letzten und Fernsten, ihren Liebling, suchten. Der schlug dann in der grauen Sonntagmorgenfrühe ihren Bettvorhang zurück – wir hatten ihr strenge und außergewöhnliche Sonntagsruhe verordnet, um ungestört den Festtisch rüsten zu können – und diesmal gab es beiderseits Tränen. „Und nun will ich wissen, was los ist“, schluchzte sie unter ihrem Betthimmel hervor. „Denn das habt ihr doch ausgemacht! Und es hat doch niemand Geburtstag!“

Als wir sie dann aber im Triumph an den festlich geschmückten Frühstückstisch geleiteten und sie die Widmung auf der wirklich kunstvollen Torte und den Glückwunschkarten las, begriff sie gar nichts. Ich mußte meine eigene Rührung bemeistern und ihr einen ausführlichen Vortrag halten über die Bedeutung des Tages. Als ich ihr von dem Jugendblatt sprach, in dem vom Muttertag die Rede war, sah sie mich von der Seite an: „Geh mir doch weg“, sagte sie, und es war nicht zu ergründen, ob sie damit ihre Abneigung gegen ausländische „Moden“ oder etwa den Zweifel in die Worte der Tochter bekunden wollte, der sie zutraute, daß sie diesen Tag extra erfunden hatte, weil – nun, weil sie manchmal an etwas phantastischen Ideen litt und an der Neigung, Feste zu feiern, wenn kein Mensch daran dachte.

Es gab dann einige buntbebänderte Päckchen zu öffnen, die allerhand Nützliches enthielten, und die Vater, der die Entwicklung der Dinge mit schmunzelndem Lächeln begleitete, zur Begutachtung unterbreitet wurden. Gerade als die Kirchenglocke das erstemal läutete, kam ein Pariser Schal zum Vorschein, ein Schal aus schwarzer Seide – nein, aus Samt? – Wir einigten uns auf „Seidensamt" – mit unwirklich blaßschimmernden Lilarosen. „Und den ziehst du heute an", kommandierte strahlend der Jüngste, „und dann gehen wir wieder einmal alle fünf mit euch in die Kirche."

„Geh mir doch weg!" sagte die Mutter zum zweitenmal und versuchte, sich des eitlen Prunkstückes zu entledigen. Aber was können zwei schwache Mutterhände ausrichten, wenn zehn starke, junge Arme sie umklammert halten? –

So wurde denn der Lilarosenschal in entsprechende Falten gelegt und mit einer alten Brosche festgesteckt. Dann wurde der Hahn, der zum Fest das Leben gelassen hatte, in die vorsichtig geheizte Backröhre geschoben. Ein mächtiger Holzklotz garantierte die Feuerung für eine Stunde – und Vater und Mutter gingen mit ihren fünf Kindern nach alter, lieber Gewohnheit zum Gottesdienst. Kein Mensch wußte von dem Fest, das in unserem Haus gefeiert wurde. Man wunderte sich bloß darüber, uns wieder einmal so alle zusammen zu sehen. Wir aber wandelten den ganzen Tag wie auf Rosen. Denn jede Stunde trug den Duft des Niedagewesenen, Erstmaligen und Ursprünglichen, einen Schmelz, den alle späteren Muttertage, die vielleicht noch reicher ausgestaltet waren, entbehren mußten. Am Nachmittag, als der Vater mit den Brüdern einen Gang durch die Maienflur machte und Schwesterlein noch in der Küche hantierte, saß ich, die ich ja in wenigen Stunden wieder abreisen mußte, einen seltenen Augenblick allein bei der Mutter an ihrem trauten Fensterplatz. Sie unterrichtete mich über die jüngsten Dorfereignisse. Unwillkürlich glitten unser beider Blicke über die Straße hinüber zu dem stattlichen Nachbarhaus: „Ja, es ist hart", sagte die Mutter, „sehr hart! Du mußt doch einen Augenblick zur Karlintante hinübergehn. Sie dauert einen so in ihrer schrecklichen Einsamkeit."

Dann erzählte mir meine Mutter ausführlich, was sie mir in einem Brief nur knapp berichtet hatte: Drüben in dem großen, reichen Haus, in dem wir als Kinder so oft gespielt hatten, war während meiner Abwesenheit die einzige Tochter gestorben – im Wochenbett mit dem ersten Kind. Das Kindlein hatte sie nur acht Tage überlebt. Der Schlag hatte ihre Eltern um so härter getroffen, als vor fünf Jahren ihre andere ältere Tochter in wenigen Tagen durch eine Gehirnentzündung dahingerafft worden war. „Und nun haben sie niemand mehr", schloß meine Mutter ihren Bericht.

Es graute mir wirklich, als ich aus unserem heute so besonders durchsonnten, belebten Haus in die totenstille, kalte Stube drüben trat, um die leidgeprüfte, einsame Mutter meiner Jugendfreundin zu grüßen. Ich fand sie über die aufgeschlagene Bibel gebeugt. Bei meinem Anblick stürzten ihr Tränenbäche aus den Augen. „Du", schrie sie mir entgegen, und alle Verzweiflung und ein wilder Vorwurf klang aus ihrem Wort. „Du kommst wieder! Und ihr alle kommt wieder! Und bei euch ist Leben, und hier ist alles tot, alles still, alles kalt! Denn von den Meinen kommt keins wieder, keins!"

Und die Hand, die sie mir so vorwurfsvoll entgegengereckt hatte, ballte sich zur Faust, und ein hagerer Finger wies auf die beiden, in dicke Goldrahmen gefaßten lebensgroßen Fotografien der Töchter, die in ihrer Jugendblüte von den Wänden lächelten. Ja, dies war Christine, an deren Totenbett ich gestanden, drin in der Kammer. Noch empfand ich den Schauer, der mich damals durchbebte, als meine Hand ihre kalte Stirn berührte, weil ich nicht fassen konnte, daß eine, die in diesen Stuben so wild mit uns getollt, plötzlich so starr daliegen konnte.

Und dies war das Brautbild von Emmy. Sie war meine Freundin gewesen, ein feines Mädchen, das nicht die ausgetretenen Wege der wilden Dorflust gegangen war. Wie strahlte sie auf dem Bild! Ja, an ihrer Hochzeit hatte ich sie zum letztenmal gesehen. Und das Bildchen des winzigen, in Wollwämschen gepackten Jüngelchens, sollte das ihr Büblein darstellen?

Mir selbst kamen die Tränen, und ich brachte kein Wort hervor. Aber das gequälte Mutterherz mußte sich Luft machen. „Wo", sagte sie, „wo ist ein gerechter Gott? Wo? Wo ist ein barmherziger Heiland? Waren sie nicht beide brav? Und besonders die Emmy, seit ihrer Schwester Tod! Hat sie sich nicht von allem Weltlichen zurückgehalten? War sie nicht das frömmste Mädchen im ganzen Dorf? Hat sie es nicht verdient, daß sie endlich in dem jungen Lehrer einen Mann bekam, der zu ihr paßte? Warum durfte sie ihr Glück nicht genießen? Nicht einmal ein ganzes Jahr? Warum? Warum? –

Und warum müssen wir beide jetzt so ganz allein sein, der Vater und ich? Jetzt, wo wir alt werden? – Denn der Tochtermann, der Fred, hat sich von hier fortgemeldet. Es ist ihm nicht zu verdenken – er hält es in seinem verödeten Schulhaus nicht aus."

Ach, ich war so jung, so jung in meiner Lebens- und in meiner Glaubenserfahrung. Und ich war selbst so erschüttert. Ich wußte kaum ein Trostwörtlein diesem abgrundtiefen Leid gegenüber. Und ich war nur froh, als ich wieder in unsere sonnige Stube zu meiner Mutter flüchten konnte.

„Was soll man da sagen, Mutter?" Ich fragte es angstvoll, als ich wieder an ihrer Seite saß. „Man kann wirklich nicht begreifen, warum Gott so etwas zuläßt, und man kann verstehen, daß sie mit Ihm hadert." Da nickte meine Mutter ernsthaft.

„Freilich – man kann vieles nicht begreifen. Aber mit Gott hadern darf ein Mensch nicht, auch wenn er nicht begreift. Er soll aber in sich gehen."

Meine Mutter schwieg eine Weile. Mir war, sie kämpfte mit sich selbst, ob sie weiter reden sollte. Dann fuhr sie fort: „Sieh, ein Menschenleben ist wohl kurz, aber doch manchmal lang genug, daß man vieles begreifen lernt. Der Mensch ist oft selbst verantwortlich, wo er Gott Verantwortung zuschieben will. Manches rächt sich eben."

„Sieh" – sie mochte merken, daß ich ihren rätselhaften Worten nachsann – „du bist nun alt genug, daß man ein verständiges Wort mit dir reden kann. Und was ich dir jetzt sage, das hat mir meine Mutter schon gesagt.

Ich will gewiß niemand verurteilen. Aber ich denke

so manchmal an vergangene Zeiten zurück. Du weißt, wir sind von jeher mit drüben – sie sah nach dem mir so düster erscheinenden Haus hinüber – verbunden gewesen. Schon die Großeltern waren verwandt und haben immer gute Nachbarschaft gehalten. Karolines Vater war mein Pate. Aber ein wenig schauten sie immer auf uns herab. Denn sie waren stets die wenigen – ein oder zwei Kinder – und wir waren immer viele. Darum sind sie wohl auch reicher geworden als wir.

Karlintante, in meinem Alter, war auch die einzige. Wir sind zusammen jung gewesen. Wir haben die Karoline manchmal beneidet, wir fünf Schwestern, weil sie drei Reihen breites Samtband auf ihren Röcken trug, während wir es höchsens zu einem schmalen Litzchen brachten.

Unsere Hochzeit war fast gleichzeitig. Aber als ihre Älteste, die Christine, auf die Welt kam, hatten wir schon ein Kindergräblein auf dem Gottesacker. Und kurz ehe ihre Zweite, die Emmy, geboren wurde, trugen wir unser Liesele zu seinem kleinen Schwesterlein hinaus. Damals kam sie oft, um mich zu trösten. Aber ihr Trost klang manchmal nach einem kleinen Triumph über ihre wohlgedeihenden Kinder oder nach einem leisen Vorwurf, als ob ich doch vielleicht an den meinen irgend etwas versäumt hätte. Als du geboren wurdest, stärkte es meinen Mut nicht sehr, daß sie auch dir kein langes Leben prophezeite. Dann kam dein Bruder – und er erweckte ein wenig ihren Neid, weil's ein strammer Bub war. Als ich sie aber damit trösten wollte, daß der sich bei ihr auch noch einstellen könnte, lachte sie mich tüchtig aus: ‚Nein', sagte sie ganz offen. ‚Mehr als zwei sind bei uns nicht Mode. Und wo Mädchen sind, finden sich die Buben schon ein, wenn eine gute Mitgift bereit ist.'

Jedes deiner Geschwister bekam zu seiner Geburt seinen besonderen Spruch von ihr. Bei deinem zweiten Bruder meinte sie: ‚Jetzt heißt es aber früh aufstehen, daß die Stücke nicht zu klein werden.'

Als deine Schwester kam, sagte sie trocken und unverschämt: ‚Wem nicht zu raten ist, dem ist auch nicht zu helfen.' Und an der Wiege unseres Jüngsten hielt sie es wohl für angebracht, mir dennoch gute Ratschläge zu erteilen. Ich lehnte sie aber ab, indem ich ihr kurzerhand erklärte: ‚Wir sind auch fünf Mädchen gewesen und haben uns alle fünf gefreut, als ganz spät ein kleiner Bruder ankam. Und unsere Mutter hat mich gelehrt: Besser sechs auf dem Kissen als eins auf dem Gewissen. Daran will ich mich halten.'

Von da an hat sie geschwiegen. Aber sie hat es nicht unterlassen können, bei Gelegenheit ein wenig zu sticheln über die Häuser mit dem vielen Kindergeschrei und -gekrabbel. Und das alte Lied ging von vorn an: Ihr beklagtet euch so manchesmal, daß die Nachbarsmädchen schönere Zopfbänder und bessere Kleider trugen als ihr. Und weißt du noch, wie eifersüchtig du warst, als sie vor einigen Jahren ihr Haus umbauten und neu und fein einrichteten? Und nun: wes wird es sein ...?"

„Hast du nie mit ihr davon gesprochen?" forschte ich leise, als meine Mutter schwieg.

„Ich? Ach Kind, das ist nicht meine Sache. Das sähe nun so aus, als wollte *ich* triumphieren. Es ist hart genug – und lauter Gnade, wenn man seine Kinder großziehen und behalten darf und sie auf rechte Wege kommen. Und nur, damit du in diesen Dingen einen hellen Blick bekommst, darum erzähle ich dir das. Mit ihr zu reden über diesen Punkt, das will ich Gott überlassen. Er gibt nicht umsonst die stillen Stunden der schlaflosen Nächte. Und Er kommt mit jedem zurecht." – Damit endete das Gespräch, denn die Trennungsstunde schlug rasch.

Ob Er mit ihr zurechtgekommen ist? – Ich weiß es nicht. Ich habe sie in späteren Jahren nur selten besucht, weil mein Besuch immer die alten Wunden aufriß. Sie ist dann noch verhältnismäßig früh an einer Operation im Krankenhaus gestorben. Ihr Mann lebte zuletzt ganz allein und fand ein noch trostloseres Ende: Er lag eines Morgens tot im Stall. Niemand wußte, wie er gestorben war. Fremde teilten mit dem Schwiegersohn das Erbe. Und einmal, als ich wieder nach Hause kam, sahen fremde Gesichter hinter den gleichen Vorhängen hervor, die meine Freundin zur Hochzeit aufgesteckt hatte.

Mein Mütterlein feierte ihren letzten Muttertag mit uns vor dem Krieg. Hochbetagt erlitt sie dann einen Unfall, als der Kriegssturm über das Dorf brauste. Der Sohn, der im Elternhaus wohnte, setzte sein Leben ein, um ihr ärztliche Hilfe zu verschaffen. Sie aber ging still, wie sie gelebt, hinüber, ohne daß ihre drei in der Ferne weilenden Kinder etwas davon ahnten.

„Ich habe sie für euch alle versorgt", versicherte der Bruder, der mir, als man wieder zusammenkommen konnte, die schmerzliche Nachricht brachte. „Es hat ihr an nichts gefehlt. Ihr hättet nicht mehr tun können. Während der Beschießung trug ich sie in den Keller. Als es nicht mehr ging, blieb ich bei ihr und hielt sie im Arm. Dort ist sie entschlafen."

Dieses Bruders vier Kinder erfüllen nun das alte Elternhaus mit frohem Leben. Neulich wanderte ich mit dem Jüngsten über den Heimatfriedhof, um all die Lieben vergangener Tage zu grüßen. So stand ich auch mit ihm an der Familiengruft des Nachbarhauses. Der prunkvolle Grabstein war der letzte Zeuge einstiger Wohlhabenheit. Da kam mir's in den Sinn, daß der Kleine, den sie eine Woche nach seiner Mutter hier eingesenkt, nun ein Mann wäre, der das Leben hätte weitertragen können in dem Haus, in dem jetzt Fremde wohnten.

Dann ging ich mit meinem Neffen, dem kleinen Albert, weiter an Großmutters Grab, um das unterwegs gepflückte Sträußlein niederzulegen. „Mutter?" sagte das Büblein, das eben die ersten Sprechversuche machte, und sah mit großen, fragenden Augen zu mir auf, als ich ihm die schon leise welkenden Wiesenkinder aus den lebenswarmen Händlein nahm. Irgendwie hatte er an diesem Ort dieses Wort aufgeschnappt.

Und mir war es einen Augenblick, als streiche ihre segnende Hand linde über die fröhlich flatternden Flachshärlein des Enkels, den ihre irdischen Augen nie geschaut hatten.

SPÄTE BLÜTEN

Mit besonderer Freude denke ich an jenes letzte Mutterfest zurück, das mein liebes Mütterlein auf dieser Erde feierte. Es war vor dem Krieg, und wir waren zum letztenmal im lückenlosen Familienkreis um sie versammelt. Ich genoß damals so ganz besonders das Zusammensein mit meinem jüngsten Bruder, den ich mit seiner Familie über ein Jahrzehnt nicht mehr gesehen hatte, da er in weiter Ferne wohnte. Wir hatten einander so viel zu sagen und nützten manchen Frühlingstag zum Gang über die heimatliche Flur, manche späte, stille Stunde zu trauter Zwiesprache.

Da nahm mich meine Mutter beiseite. „Höre", sagte sie in ihrer herzlich eindringlichen Weise, „paß ein wenig auf! Deine Schwägerin wird eifersüchtig, wenn du ihren Mann so oft mit Beschlag belegst und von ihrer Seite holst. Und du weißt ja doch . . . man muß besonders zart mit ihr umgehen."

Ich verstand, was meine Mutter mir sagen wollte. Mein Bruder hatte mir anvertraut, daß seine Frau ihr drittes Kindchen erwartete. Das war nicht so leicht. Die beiden Ältesten waren bereits erwachsen: Christa auf einem Büro, Christoph in einer kaufmännischen Lehre. Die Sorgen um dieses bevorstehende Ereignis waren öfters der Gegenstand unserer Gespräche.

Nun versuchte ich, meiner Schwägerin näherzukommen. Und eines Nachmittags, als wir miteinander Muster zu Kinderjäckchen studierten, öffnete sie mir ihr Herz.

„Ja", gab ich zu, „mit den großen Geschwistern

ist es nicht immer so leicht. Ich weiß das aus eigener Erfahrung. Denn der Fred, dein Mann, war ja auch ein Nachkömmling und mir als der älteren Schwester durchaus unerwünscht."

„Wa-a-a-s?" – In sprachlosem Erstaunen sah meine Schwägerin zu mir auf. „Ich dachte . . ."

„Du dachtest, wir hätten uns immer so gut verstanden wie heute? – Ach leider durchaus nicht. Und ich denke nur mit Schaudern an jene Zeit zurück. Gott sei Dank, daß er davon nichts mehr weiß."

„Aber wie . . . wie . . .?"

„Wie das war und wie es anders wurde, das will ich dir gern erzählen."

Wir setzten uns gemütlich einander gegenüber, ließen die Stricknadeln klappern, und ich hieß meine Gedanken weit zurückwandern in die längst versunkene Vergangenheit:

Siehst du, das kam so: Ich hatte gerade damals meinen Eltern die Erlaubnis abgerungen, weiterlernen zu dürfen; denn das war mein Leben. Aber die Geburt des Kleinen nahm meine Mutter so mit, daß sie gar nicht mehr zu Kräften kommen wollte. So blieb den Eltern nichts anderes übrig, als mich von der Schule nach Hause zu nehmen, wenigstens bis meine Mutter wieder völlig hergestellt war.

Das war für mich ein harter Schlag. Ich dachte, die Welt müsse über meinem Jammer einstürzen, haderte mit Gott und meinem Schicksal und ließ meine ganze bittere Enttäuschung an dem kleinen unschuldigen Urheber aus. Hatte ich schon vor seiner Geburt räsonniert, wir wären zu viert gerade genug und hätten diesen fünften Schreihals nicht gebraucht, so kümmerte ich mich nach seiner Geburt überhaupt nicht um ihn. Alle Bemühungen meiner Mutter, mich für das herzige Kerlchen zu erwärmen, schlugen fehl. Ich nannte ihn einen „schwarzen Brüller". Und ich konnte ihn wirklich seelenruhig schreien lassen, ohne nach der Wiege zu sehen. Nur mit äußerstem Widerwillen besorgte ich die Wäsche für ihn, solange meine Mutter es nicht selbst tun konnte. Ach, ich habe ihr jene Zeit wohl am allerschwersten gemacht.

Als meine Mutter sich im Lauf des Winters erholt hatte, schickten mich meine Eltern — wohl in der Hoffnung, mich umzustimmen — für einige Zeit zu meiner Tante, die Lehrerin in einem schönen Dorf des Hanauerlandes war. Ich freute mich besonders darauf, in dieser Zeit endlich wieder meinen Büchern leben zu können, und hoffte, mit Hilfe der Tante manches einzuholen.

Aber sonderbar: es waren gar nicht die Bücher, die in jenen Wochen die größte Anziehungskraft auf mich ausübten. Es war ein Mensch, den Gott mir in den Weg stellte.

Meine Tante verkehrte viel in einem schlichten Bauernhaus, dessen älteste Tochter, ihre Freundin, in der Umgegend als Lehrerin angestellt war. Auch mich zog es bald täglich in dieses Haus, und so sehr, daß ich darüber meine geliebten Bücher vernachlässigte. Zwar war es nicht die Jugend im Haus, die etwa 20jährige Marie und der um ein Jahr jüngere Hansjörg, die mich anzogen. — Die beiden erschienen mir so still, so ernsthaft — es war ihre Mutter.

Ja, die Reichertmutter! Ich sinne noch heute dem Rätsel nach, daß mein Herz sich so ganz, so rückhaltlos dieser seltenen Frau erschloß, und zwar sofort, ehe ich den einzigartigen Wert ihrer Persönlichkeit nur ahnen konnte.

„Nur herein, Kind, nur herein!" ermutigten ihre klaren, über die Brille mich anstrahlenden Augen, wenn ich um meiner täglichen Besuche willen manchmal verlegen auf der Schwelle stand. Da ihre Marie in jenem Winter einen Nähkurs besuchte, waren wir meist allein.

Und nun schien es, als hätte mein ganzes aus den Fugen geratenes junges Leben nur auf diesen Menschen gewartet, um seine große Not loszuwerden.

Und der Reichertmutter konnte man alles sagen. Wirklich alles. Sie konnte mich verstehen wie sonst gar kein Mensch. Denn sie sagte mir gleich am ersten Tag: „Siehst du, so wie dir ist es auch mir einst ergangen. Das heißt: ich bin überzeugt, bei dir geht es besser. Auch mein Herzenswunsch war das Lernen. Aber als Älteste von acht Kindern war daran für mich gar nicht zu denken. Und alle Bemühungen meiner Verwandtschaft – ich hatte einen Vetter, der als Dichter richtig berühmt geworden ist – waren vergeblich. Meine eigenen Gedichte und meine guten Aufsätze konnten daran nichts ändern."

Und die Reichertmutter führte mich an einen alten Wandschrank und breitete nach und nach vor dem verlangenden Mägdlein ihre Schätze aus. Ich durfte einige prachtvolle Gedichte von ihr lesen und lernen, ihre Hefte und Tagebücher durchblättern und ihre Bücher – sie hatte sich eine wirkliche Bibliothek angeschafft – ehrfurchtsvoll in die Hand nehmen. Und nun war ich wirklich bereit, mich von ihr unterweisen zu lassen.

Sie versuchte zunächst, mir die eine große Weisheit beizubringen, daß im Leben nicht der Beruf eines Menschen, sondern sein Wesen, seine Haltung maßgebend sei.

„*Was* wir sind, ist nichts, *wie* wir sind, ist alles", das war das Thema unserer ersten Unterredungen.

Als ich das einigermaßen begriffen hatte, versuchte sie, in mir den Mut zur Selbstweiterbildung zu wecken.

„In die Schule gehen und sich von Lehrern alles vorkauen lassen, ist keine Kunst", sagte sie, „aber was man sich selbst erwirbt, besitzt man ganz anders, ob es durch eine Prüfung beglaubigt ist oder nicht." Und nun gab sie mir ganz praktische Winke, wie sie mir kein Pädagoge besser hätte geben können, und stärkte in mir den Mut, mich selbständig weiterzubilden.

Dann kam der dritte Kurs über das Thema: „Schwierigkeiten sind von Gott in unser Leben eingeordnet, damit wir uns und unseren Gott kennenlernen und unseren Willen dem Seinen beugen." Ihre Lebenserfahrungen bildeten dazu eine einzigartige Illustration.

Und als an ihrem warmen mütterlichen Herzen mein ganzer innerer Widerstand gegen Gott und Menschen schwand wie der Schnee an der Frühlingssonne, da kam in der vierten Woche meines Aufenthaltes der vierte Lehrgang. Der war von durchschlagendem Erfolg.

Wieder einmal hatte ich mich mit meiner zukünftigen Reisetasche, die ich mit roten Kreuzsticharabesken bestickte, neben der Reichertmutter am offenen Fenster niedergelassen. Wir lauschten zusammen den verheißungsvollen Zurufen der Zeisige aus den gegenüberliegenden Obstgärten. Dann stand die Reichertmutter auf und trat in die nebenanliegende Schlafkammer.

Und nun legte sie, ohne ein Wort zu sprechen, eine größere Fotografie unter Glas und Rahmen, die sie wohl von der Wand genommen hatte, vor mich auf den Tisch.

Ich sah auf ein herziges Mägdlein nieder, das in duftig fließendem, blumenbesticktem Gewand, mit leicht seitwärts geneigtem Lockenköpfchen schlummernd auf einem Bettchen ruhte. Ein über den Rand des Lagers ausgestrecktes Händchen schien mit einer dunklen Rose zu spielen.

Irgend ein fremder, kühler Hauch ging von dem Bild aus, der mir beklemmend aufs Herz drückte.

Waren da nicht dunkle Schatten unter den geschlossenen Wimpern? Lag nicht eine fremde Starre über den allzu scharf gezeichneten Gesichtszügen, über dem mir zugewandten Händchen, das die Blume hielt? –

Schlief das Kind wirklich? – Oder? Oder?

Fragend blickte ich in Reichertmutters seltsam bewegte Züge und sah nun, daß ihre allzeit strahlenden Augen in Tränen schwammen.

„Unser Herrgottsblümlein auf – seinem Totenbett", sagte sie jetzt mit tonloser Stimme.

„Aber Reichertmutter", ich umfaßte mit beiden Armen die runde, mütterliche Gestalt in der bauschigen Bauerntracht und drückte mein Gesicht in die vielreihigen Falten: „Habt Ihr denn noch ein Kind gehabt?"

„Unser Linele", nickte sie jetzt. „Vier Jahre hat uns Gott das Himmelsblümlein geliehen. Voriges Jahr im Sommer hat Er es wieder zu sich geholt." –

Ich war so erschüttert, daß ich kein Wort zu sagen wußte. Die Reichertmutter zog mich an sich, strich mit der Hand liebevoll über das Bild, als müßte sie jedes Erdenstäublein wegwischen, und fuhr dann fort: „Ja, unser Linele. Nur vier Jahre war es bei uns. Aber es hat mit seinen kleinen Händen viel tiefer in unser aller Herz und Leben eingegriffen als meine anderen vier Kinder."

„Erzähl mir!" bat ich erschüttert, „erzähl mir!"

Die Reichertmutter wollte zuerst das Bild wieder fortnehmen. Aber ich hielt es mit beiden Händen und sah bittend zu ihr empor.

Da nahm sie ihren Strickstrumpf auf, ließ ihn aber bald wieder sinken, und während ihre Blicke durch das Fenster den fröhlich ziehenden Wolkenschäfchen nachflogen, begann sie:

Als mir vor fünf Jahren im Frühling die Gewißheit wurde, daß Gott mir noch einmal ein Kindlein schenken würde, zog eine große Freude in mein Herz; denn ich liebe Kinder sehr. Dazu war damals der Platz meines Jüngsten, unseres Heinerle, leer. Den hatte mir unsere Grete, die ihre erste Stelle antrat, abgeschmeichelt. Er war damals zwölf, ein begabter Junge. Sie wollte ihn auf die dortige Oberschule schicken. Und da wir miteinander eins geworden waren, unser Vater und ich, keinem der Kinder in den Weg zu treten, wenn es etwa von mir die unbändige Lernlust geerbt haben sollte, konnten wir's ihr und ihm nicht wehren. Um so inniger freute ich mich also auf das Kleine. Aber bald fiel ein gar bitterer Tropfen in meine Freude. Ich bemerkte, daß unsere beiden zu Hause lebenden Kinder, die Marie und der Hansjörg, dem Ereignis mit finsteren Gesichtern entgegensahen. Sie gingen mir beide aus dem Weg, als hätte ich ihnen das bitterste Unrecht angetan. Und einmal hörte ich, wie sie in der Küche ihrem Unmut Luft machten. „Man kann sich nicht mehr unter den Leuten sehen lassen!" – „So 'ne Schande. Alle Kameraden lachen einen aus!"

Vergebens versuchte ich, ihnen die Sache ins rechte Licht zu rücken. Sie sahen mit trotzig aufeinandergepreßten Lippen an mir vorüber. Ja, so furchtbar verheerend kann der Einfluß der Kameraden und unverständiger Nachbarsleute sein.

Als das Kind geboren war, trat keines von ihnen an die Wiege. Marie schlug mir rundweg ab, mit Grete, die Gott sei Dank vernünftig und mir aus der Ferne ein großer Trost war, Patenstelle an dem Schwesterchen zu übernehmen. Damals, ich muß es sagen, bin ich wohl erbittert gewesen gegen meine beiden unverständigen Großen, was ja eine Mutter nie sein dürfte. Ich habe Marie nicht erlaubt, eine Windel anzurühren. Und das erste halbe Jahr nach Lineles Geburt ist wohl für unser Haus das dunkelste gewesen. Denn vorher – ich darf es sagen – hatten wir ein gar schönes Familienleben.

Im zweiten aber trat unser Linele seinen Siegeszug an. Und du darfst mir glauben, es eroberte die Herzen, wenn auch nicht im Sturm, so doch langsam, Tag um Tag, durch sein ganz unwiderstehlich sonniges Lachen. Sobald es das Köpfchen heben konnte, lachte es uns an, und zwar nicht nur ihren Vater und mich, sondern mit Vorliebe gerade die Geschwister, die nichts von ihm wissen wollten. Immer wieder streckte es ihnen verlangend die Ärmchen entgegen. Und es kam der Tag, da Jörg nicht widerstehen konnte und es hochhob. Und von seinem Arm aus fand es – das war draußen im Hof, und ich beobachtete es durchs Fenster – den Weg auf den Arm der großen Schwester. Und von nun an spielte es gar manchmal den Schelm. Wenn das eine ihm die Arme entgegenstreckte, barg es jauchzend in vergnüglichem Versteckspiel sein Köpfchen an der Schulter des anderen.

Und dann kamen drei Jahre so randvoll mit seliger Freude, als wollte Gott mich für die Qual der hinter mir liegenden Zeit reichlich entschädigen.

Ich mußte nur wachen, daß sie mir das Kind nicht verdarben. Denn Marie fing an, bunte Schleifen in seine lustigen Löckchen zu binden und ihm die niedlichsten Röckchen zurechtzuschneidern. Und wenn Hansjörg vom Markt kam, mußte es allemal auf die Zehenspitzen stehen, um in ungeheurem Jubel die Süßigkeiten aus seinen Taschen zu kramen. Und von beiden Seiten hieß es: „Linele, komm doch mit *mir!*" Und manchmal sah es unschlüssig zu mir hin, wenn es nicht wußte, wem den Vorrang geben.

Das Kind – es muß wohl ein besonderes Gnadenkind gewesen sein – ging über diese Erde, als berührten seine Füßchen den Staub nicht. Es hatte ein Grauen vor allem, was irgendwie schmutzig war, und Freude an allem Lichten und Schönen. Und mir schien es oft, als sollte in ihm alle verborgene Sehnsucht meiner Seele Gestalt gewinnen.

Es lebte mit Blumen und Vögeln und spielte in seinen Träumen mit den Engeln und Sternen. Und früh schon sprach es mit dem lieben Gott und mit dem lieben Heiland so vertraut wie mit mir in seinen kindlichen Gebeten.

In seinem vierten Lebensjahr erzählte es alle Geschichten der großen Bilderbibel und sang alle Lieder, die man ihm vorsang. Ja, so wie es in diesen herrlichen Jahren in unserem Haus sang und klang, so wird es nie mehr klingen.

Voriges Jahr an Ostern nahm seine Patin Grete es mit. Sie wollte auch einmal ihre Rechte geltend machen und sich an dem Sonnenstrählchen freuen. Als es aber Sonntag wurde, trat Marie vor mich hin und erklärte mir, sie müsse unbedingt dem Kind ein warmes Jäckchen bringen, das Grete vergessen hatte, und bat, ich solle ihr doch die kleine Reise erlauben. Am Sonntagabend, als Hansjörg sehnsüchtig die Dorfstraße hinunterschaute, sagte ich: „Nimm doch den Sportwagen und fahre ihnen entgegen."

Da ging ein plötzliches Leuchten über sein Gesicht. „Ja, kommt sie denn?" Ich lachte. „Ei freilich." Da verhaspelte er sich: „Ja, hat sie gesagt, daß sie sie mitbringt?" Ich lachte noch herzhafter. „Wer ‚sie' . . . ‚sie'?"

Aber er fuhr bereits mit langen Schritten davon. Und als er mit Marie zurückkam, sah ich schon von ferne an ihren strahlenden Gesichtern, daß das Kind im Wägelchen saß.

„Es hat's nicht länger getan", versicherte mir Marie unter lieblichem Erröten, „es hat mit Gewalt mitgewollt, als ich mich auf den Weg machte." – Und ich widersprach ihr nicht.

Im letzten Sommer hatte eine Kusine in der Stadt Hochzeit. Marie bettelte darum, Linele mitnehmen zu dürfen. Es sollte der Braut den Schleier tragen. Und sie nähte ihr das lange duftige Kleidchen mit den Rosenranken, das sie hier auf dem Bild trägt. Es war ein Gedicht, das Kind. Und als es so vor mir stand, da kam mir zum allerersten mal der abergläubische Gedanke, den törichte Menschen manchmal aussprechen, wenn sie besonders liebliche Kinder sehen. Und Marie muß Ähnliches empfunden haben. „Unser Engelein", flüsterte sie Hansjörg zu, als sie ihr die Rosaschleifen auf der Schulter festband.

Zwei Tage nach der Hochzeit legte das Kind sein

mattes Köpfchen in meinen Schoß, sah mich mit fieberglühenden Äuglein an und griff mit seinen feuchten Händen an den Hals. Ehe wir uns recht besinnen konnten, hatte eine böse Diphtherie unser Blümlein geknickt – trotz Eingriff der besten Ärzte. Und so lag es auf seinem letzten Bett in seinem hochzeitlichen Röcklein. Unsere Grete hat das Bild gemacht.

So hell unser Haus in der Sonne gestanden hatte diese drei letzten Jahre, so tief war es nun plötzlich in den kalten Schatten gerückt.

Das allerschlimmste aber war nicht unser aller heißer Schmerz, sondern die Verzweiflung unserer beiden Großen, besonders Maries.

Sie rang die Hände darüber, daß sie das Kind zu der Hochzeit mitgenommen hatte. Und als ich ihr sagte, daß doch wohl sein Tod in Gottes Rat beschlossen war, da entgegnete sie: „Ja, es ist die Strafe Gottes, weil ich das Kind nicht wollte."

Und sie ließ sich das gar nicht mehr ausreden. Wir mußten zuletzt fürchten für ihren Verstand. Da nahm Grete sie zu sich. Und dort hat ein einfacher Bauersmann, dem Gott die besondere Gabe der Seelsorge geschenkt hat, das verwirrte Uhrwerk ihrer Seele wieder in Ordnung gebracht, indem er in ihr den Glauben wecken durfte an die Gnade Gottes, die auch die schlimmsten Sünden vergibt. So ist sie uns an Weihnachten gesund, aber freilich tiefgebeugt wieder heimgekommen.

Auch der Hansjörg ging lange wie gebrochen einher. Und noch heute verkehrt er nicht mehr mit seinen Kameraden und geht still für sich. Ihn hat es wohl gepackt, daß er mir viel abzubitten hatte. Denn er ist seither von einer so zarten Fürsorge zu mir, daß es mir oft ans Herz rührt. Und er sagt mir hie und da ein Wort, das niemand dem spröden Jungen zutrauen würde.

So hat unser Himmelsblümchen nicht umsonst ein Weilchen unser Gärtlein geschmückt. Die Freude an seinem Aufblühen hat unsere Herzen einander erschlossen. Und die Hand, die es so plötzlich in die himmlischen Gärten verpflanzte, hat uns alle erfaßt und zieht uns nach. –

Die Erzählerin hielt inne. Ihr Blick folgte den weißen Wolkenschäfchen, die der Märzwind über den lichten Frühlingshimmel trieb. Da wurden auf der Haustreppe Schritte hörbar. Die Reichertmutter nahm das Bild aus meiner Hand und trug es rasch in ihre Kammer zurück.

Am nächsten Abend sah ich, wie Marie Stiefmütterchen in ein Körbchen ordnete und zum Gartenhäckchen griff.

Ich bat: „Darf ich mitkommen?" – Und schweigend wanderten wir durch den erwachenden Frühling nach dem Friedhof. Wie verstand ich nun die leise Schwermut, die immer über dem Mädchen lag! Sie beugte sich nieder und entfernte die Tannenzweige, die über Winter die keimenden Blümlein gedeckt hatten, und umkränzte den kleinen Hügel mit den weißen und goldenen und bunten Stiefmütterchen.

„Sieh", sagte sie, „wie lieblich nun die Krokusse aufblühen, und die Tulpen wühlen sich aus der Erde, und die Sternenblumen knospen schon." –

Plötzlich aber glitt sie neben dem Grab nieder und schluchzte: „Alle kommen sie wieder, die Blumen, alle erwachen sie, nur unser Herzblümlein, das kommt nicht mehr."

Wie gern hätte ich ein Wort gesagt vom Himmelsgarten, in dem es schöner und herrlicher erblühen durfte! Aber die Kehle war mir wie zugeschnürt.

Am selben Abend fand mich meine Tante zu ihrem nicht geringen Erstaunen beim Packen meiner Reisetasche.

„Ich muß heim", schluchzte ich, „ich muß heim." Und sie schüttelte den Kopf, als sie mein tränenüberströmtes Gesicht sah. Wie war es möglich, daß Heimweh mich überfiel am Ende der vierten Woche meines Aufenthalts?

Die Reichertmutter aber, von der ich am nächsten Tag einen überstürzten Abschied nahm, drückte mich ganz fest an ihr warmes Herz und sagte: „Es ist schon recht. Geh du nur!"

Und sie küßte mich und versprach mir lange Briefe, wenn ich ihr gern schreiben wollte. Wir standen dann manches Jahr im Briefwechsel, und manche Not trug ich an ihr Mutterherz. –

Wie lang aber, wie lang wurde mir jene Heimreise! Wie packte mich oft die Lust, auszusteigen und dem gemütlichen Eselsbähnchen in die Räder zu greifen. Und dahinter stand die große Angst, ich könnte – wer weiß – zu spät kommen und mein Brüderlein läge am Ende auch in dem Bettchen, aus dem keine Liebesarme es mehr herausholen konnten. Hatte nicht die Mutter letzte Woche an Tante geschrieben, er zahne und fühle sich nicht wohl?

Wie flog ich endlich den kurzen Weg von der Bahn ins Dorf! Niemand wußte ja, daß ich kam. So trat ich von hinten ins Haus und rannte spornstreichs in die Kammer, wo Brüderleins Wiege stand. Und wie lachte mein Herz, als zwei lustig strampelnde Beinchen sich mir entgegenstreckten und ich das langgezogene Rrrrrr des Wohlbehagens aus den Kissen vernahm. Ich bedeckte die nackten Beinchen, das fröhliche Gesichtchen mit Küssen – zum erstenmal. Dann riß ich das Kerlchen heraus.

Und du kannst dir denken, wie mich alle anstarrten, als ich plötzlich wie eine Erscheinung mit dem Kind auf dem Arm in der Küche stand. Von da an war er „mein Bubi". –

„Und ist es geblieben", lachte jetzt meine Schwägerin unter Tränen. „Du, hör mal, erzähl doch diese Geschichte auch der Christa und dem Christoph. Es könnte ihnen guttun."

Ich versprach es. Aber erst einige Monate später, als ich die Wochenpflege bei meiner Schwägerin übernahm, konnte ich mein Versprechen einlösen. Es lag mir sehr daran, ihr diesen doppelten Liebesdienst zu erweisen. Denn, ach, sie war vor der Geburt des kleinen Spätlings Witwe geworden. Mein Bruder war sofort zu Anfang des Krieges eingerückt und bei einem Fliegerangriff auf seine Garnison ums Leben gekommen.

In der Zeit, da seine so schwer geprüfte kleine Familie das schmerzlich-freudige Ereignis erwartete, war ich Mutter und Kindern recht nah gekommen. Ich erzählte ihnen viel von der Kindheit des Vaters, und auch die Reichertmutter, die sich längst in den himmlischen Gärten ihres Herzblümchens freut, trat manchmal in unsere Mitte.

Als endlich die schwere Stunde vorüber war und der Säugling wohlgebettet im Mutterarm ruhte, führte ich Christa und Christoph zu ihr hinein.

Christa beugte sich über sie und küßte sie. Dann strich sie dem Brüderlein über den weichen Flaum seines dunklen Köpfchens, nahm ihn vorsichtig in ihre jungen Arme und trug ihn ans Fenster.

„Genau so schwarz wie Papa", sagte sie, „nicht wahr, er sieht ihm ähnlich? Er soll auch Fred heißen, nicht?" Ein Schluchzen erstickte ihre Stimme. Aber sie faßte sich und fuhr tapfer fort: „Mach dir nur keine Sorgen, Mutter, wir bringen ihn schon groß. Wir verdienen ja beide."

Der lange Christoph stand in seiner ganzen Hilflosigkeit neben Mutters Bett. Er schnitt fürchterliche Grimassen, um nicht einfach laut hinauszuheulen. Denn ihm fehlte ja der Vater an allen Ecken.

Dann schien er sich doch seiner neuen Verantwortung und Würde bewußt zu werden und empfand, daß auch er etwas sagen müßte.

„Ich wollte ihm schon gern den Vater ersetzen", würgte er jetzt heraus, „wenn – wenn ich nur ..."

„Wenn du nur nicht selbst noch so ein kleiner Junge wärest", ergänzte ich und sah an ihm auf. Dann fuhr ich ihm – wie sein Vater es oft getan hatte – mit allen fünf Fingern von hinten durch seine lange, rückwärts gekämmte Mähne, auf deren kunstgerechten Schnitt er so stolz war, und bemühte mich, durch diese scherzhafte Wendung den Lieben über die tiefe Wehmut dieses ergreifenden Augenblicks hinwegzuhelfen.

Wenige Wochen später trug die große Schwester das Brüderlein in Vaters Heimatkirche zur Taufe. Mit mütterlicher Sorgfalt legte sie den Täufling in die Arme des langen Bruders, der mit ihr als Pate am Altar stand und das Kind zur feierlichen Handlung darreichen durfte. Und wenn das Ja auf die Frage: „Wollet ihr dazu helfen, daß das Kind christlich und gottselig erzogen werde?" auch unter Tränen erstickte, so war es doch wirklich ganz ernst gemeint.

BIS INS TAUSENDSTE GLIED

„Sieh da, das Annele", sagte der junge Pfarrer. Seine Rechte umfaßte das Kinn des etwa fünfjährigen, leise errötenden Mägdleins, das aus ernsten dunklen Kinderaugen ehrfurchtsvoll zu ihm aufsah. „Das ist ja meine jüngste regelmäßige Kirchgängerin."

Damit wandte er sich an die junge Mutter, die hinter dem Kind eben einladend die Tür zu der großen Bauernstube öffnete. „Ich wollte eigentlich schon lange einmal mit Ihnen reden" – er drückte freundlich die dargebotene Hand – „wie fangen Sie es an, daß das Annele so brav stillsitzen kann in der Kirche und – man möchte fast sagen – so gut aufpaßt, so, als könnte es wirklich etwas verstehn?"

„Annele", sagte die Eichbäuerin zu dem Kind, „geh, lauf in den Krautgarten am Hinterbrühl und sag der Großel, sie soll heimkommen, der Pfarrer ist da."

„Nehmen Sie doch Platz", wandte sie sich dann an den Eintretenden. Sie wies auf das steifbeinige Ledersofa. Aber der Besucher hatte sich bereits eine Fensterbank erkoren. So ließ sich die junge Frau ihm gegenüber auf einem der prächtigen geschnitzten Herzstühle nieder, wischte mit der Hand über die spiegelblanke Tischkante und ging nun auf seine Frage ein:

„Daß das Annele so gern und brav in die Kirche kommt, das ist nicht mein Verdienst – und daß es aufpaßt, erst recht nicht, Herr Pfarrer. Das ist so aus ihm selbst herausgekommen. Und dann – meine Schwiegermutter . . ." Sie holte tief Atem. „Herr Pfarrer, ich will's Ihnen grad sagen, wie's ist: ich bin von daheim her nicht ans Kirchengehen gewöhnt gewesen außer an Festtagen. Sonst hab' ich's für so eine Art schulmäßigen Zwang gehalten, eben solange man in den Unterricht geht, und es darum nach der Konfirmation ziemlich aufgesteckt. Daß kleine Kinder in die Kirche wollen, gab's bei uns nicht. Ich hab' auch immer gedacht, es ist ein Unsinn; denn sie stören doch nur."

„Dieser Meinung war ich eigentlich auch", lächelte der Besucher, „ich komme aus der Stadt, und da ist's nicht Sitte. Ich habe mich hier so dreingefunden, daß manche Mütter ihre Kinder mitbringen, weil ich dachte, sie können eben sonst nicht kommen, oder sie sind froh, daß die Kinder während der Kirche aufgehoben sind. Aber wenn so mitten in der Predigt alle Köpfe sich nach einem Kind umdrehen, das etwa im Gesangbuch blättert oder zu schwätzen anfängt oder sonst die Aufmerksamkeit auf sich lenkt, dann habe ich mich schon manchmal geärgert und auch da und dort den guten Rat gegeben, die Kinder, die ja doch nichts verstehen, lieber daheim zu lassen. Aber seit Ihr Annele nun so Sonntag für Sonntag mit seinen großen Augen zu mir aufschaut, kein Glied rührt und keine Miene verzieht, habe ich mich manchmal gefragt . . ."

„Ja, Herr Pfarrer", nahm die junge Frau die Rede wieder auf, als der Gast stockte, „das Annele, das kann einen schon anderer Meinung machen. Sehen Sie, man wohnt nicht umsonst so nah an der Kirche in diesem Haus. Schon als es noch in der Wiege lag, hat das Kind auf die Orgel gelauscht. Ich wollte es nicht wahrhaben, als mein Mann mich aufmerksam machte. Aber eines seiner ersten Sätzlein war eines Sonntagmorgens: ‚Hör's!' Und das erhobene Zeigefingerchen beim ersten Orgelvorspiel ließ keinen Zweifel darüber, worauf es lauschte.

Als es laufen konnte, war die Kirchtreppe sein liebster Spielplatz in der Woche. Am Sonntag aber, es war manchmal ein Bild – mein Bruder hat es auch einmal geknipst –, wie es so dasaß, das Köpfchen an die Kirchentür gelehnt, und lauschte. Schon vor zwei Jahren fing die Plage an: ‚Großel, nimm mich doch mit in die Kirch'!'

Meine Schwiegermutter – wissen Sie, jetzt muß ich etwas von ihr sagen: sie ist eine besondere Frau. Die Leute haben immer gemeint, es klappt alles bei uns. Aber lange Zeit war das nur obendrauf. Einfach, weil sie nur redet, wenn sie etwas zu sagen hat und ich auch nicht alles sage, was ich denke. Aber im tiefsten Grund war ich eifersüchtig auf sie, weil ich dachte: sie regiert das Haus, und mein Mann unternimmt rein gar nichts, ohne ihr nach den Augen zu sehn. Nun, wie das Kind so Sonntag für Sonntag plagt: ‚Großel, nimm mich mit in die Kirch', da hat sie mich manchmal so angesehn, so – ich kann's nicht recht sagen – so, als hinge die Sache an mir. Und schließlich fing ich an zu schelten: ‚Du bist noch viel zu klein, du störst nur, kannst nicht einmal stillsitzen und verstehst doch nichts.' Aber da hat die Großel einmal – sie war eben zum Kirchgang gerüstet – zwischen sich und dem Kind die Küchentür zugezogen. Ich seh' sie noch dastehn in der Küche, das Gesangbuch in der Hand. Und sie hat mich durchdringend angeschaut. Und dann hat sie geredet: ‚Lene', hat sie gesagt, ‚das Kind ist nicht mehr zu klein für die Kirch'! Das Stillsitzen ist das Geringste. Das lernt sich. Und das Verstehen? Ich bin von drei Jahren an jeden Sonntag in der Kirch' gewesen. Und ich erinnere mich noch heute an Predigten lange vor meiner Schulzeit. Anneles Vater habe ich auch mit drei

Jahren mitgenommen. Freilich nicht regelmäßig. Denn jedesmal, wenn er nicht stillsaß und nichts mit heimbrachte, durfte er am nächsten Sonntag zur Strafe nicht mit. Warum ich sie nicht selbst mitnehme? – Nur wegen dir, Lene! Denn siehst du, sein Kind in die Kirche führen, ist das große Vorrecht der Mutter. Das will ich dir nicht rauben. Es war mir als junger Mutter gar nicht recht, daß ich meine Kinder an ihrer Taufe nicht in die Kirche tragen durfte und es der Hebamme überlassen mußte. Darum hatte ich doppelte Freude am ersten Kirchgang mit ihnen. Es wäre mir leid, wenn dir nichts dranläge. Allerdings, der erste Kirchgang muß vorbereitet sein. Das will ich übernehmen bei dem Kind. Und bis nächsten Sonntag kannst du dir überlegen, wer das Annele in die Kirche mitnimmt.'

Ja, da hatte ich auch meine Predigt. Und in der Woche darauf wurde das Kind mitsamt seiner Mutter auf die Kirche vorbereitet. Jeden Abend setzte sich die Großel ein paar Minuten an sein Bett. Und ich lauschte an der Kammertür. Ja, Herr Pfarrer, ob Sie wohl Ihren Kindern so schön erklären können, was man in der Kirche tut, wem die Kirche gehört, warum man singt? Ob Sie so kindlich von dem Unsichtbaren und Ewigen reden können, wie meine Schwiegermutter mit dem Kind?

Und rührend waren die Stillsitzübungen, die das Kind von Zeit zu Zeit mitten am Tag von selbst unternahm, indem es sich auf sein Schemelchen setzte, die Händchen faltete und nachher ernsthaft versicherte: ‚Ich kann es jetzt! Ich kann es gut!'

Am nächsten Sonntag – es ist nun bald ein Jahr her – da war es keine Frage mehr: Das Kind ging zwischen mir und der Großmutter in die Kirche. Und seither ist das so geblieben. Und — ich kann es nicht erklären — es ist wie eine neue Verbindung zwischen mir und der Großel.

Ich war ja auch wirklich gespannt, wie das Kind sich schicken würde, und vor allem, was es heimbringen würde. Denn das hatte ihm die Großmutter fest eingeprägt: Nur wer etwas aus der Predigt behält, ist groß genug, um in die Kirche zu gehen."

Der Pfarrer schmunzelte. „Nun", sagte er, „und?"

Die junge Frau lächelte. „Ach", sagte sie, „es war köstlich. Vom Stillsitzen will ich nicht reden. Das war selbstverständlich. Aber wie wir heimkamen, nahm sie die Großel auf den Schoß. — ‚Und nun, Annele, hast du etwas behalten können?' — Da legte das Kind die Händchen zusammen und sagte ganz ernsthaft: ‚Er hat Amen gesagt.'

Ich wäre fast herausgeplatzt, aber die Großel hat mir einen strengen Blick zugeworfen, da bin ich rasch in der Küche verschwunden. Nachher aber ist sie zu mir herausgekommen und hat gesagt: ‚Es war ganz das rechte fürs erstemal. Es hat gleich die Hauptsache erfaßt: die Gemeinde soll ja — wie Luther es ausdrückte — der Amensager sein in der Kirche. Und im übrigen, hast du auch Amen gesagt zu der Predigt, Lene?'

Es war die Predigt vom reichen Jüngling, Herr Pfarrer, und ich habe in jener Woche viel darüber nachgedacht im Anschluß an die Frage der Mutter.

Am Sonntag darauf brachte sie aus der Predigt das Wort ‚Christus' mit und die Frage: ‚Ist das der Herr Jesus?' — Und die Großel führte sie an unseren Wandspruch: ‚Jesus Christus gestern und heute . . .' Sehen sie hier! Es ist unser Hochzeitstext.

Den dritten Sonntag aber, den vergeß' ich mein Lebtag nicht. Es war der zehnte nach Trinitatis. Da kam das Kind mit großen ernsten Augen aus der Kirche. ‚Er hat geweint', schluchzte sie auf. Und die Großel mußte ihr erklären, warum Jesus über Jerusalem weinte. Und sie sagte ihr dabei: ‚Siehst du, wenn du nicht folgst, dann weint der Heiland.' — Und es rührte mich tief, zu sehen, wie das Kind beeindruckt war.

In jener Woche, Herr Pfarrer, da ist mir aufgegangen, daß Er auch über mich weinte. Und als die Woche zu Ende war, — ja, da weinte ich zum erstenmal im Leben selbst über mich."

Die Augen der Sprecherin senkten sich. Nach einer stillen Minute fuhr sie fort: „So könnte ich noch manches sagen. Manchmal auch war es wirklich drollig mit dem Kind. So einmal nach dem Gottesdienst am Mittagstisch, als ihr Vater sich über das zähe Fleisch beklagte, sagte sie plötzlich: ‚Gelt, Großel, der Herr Pfarrer hat's auch gesagt in der Kirche: das Fleisch ist nichts nütze.' Sie können sich denken, daß wir uns alle verschluckten. In jener Woche aber ging etwas schief: es gab Meinungsverschiedenheiten, unfreundliche Worte. Und die Großel und ich, wir gingen ein paar Tage umeinander herum. Bis sie eines Abends sagte: ‚Gelt, Lene, das Kind hat doch das rechte Wort heimgebracht: Das Fleisch ist nichts nütze.'

In letzter Zeit aber bringt sie schon kleine Zusammenhänge mit. Und die Großel hilft nach und erklärt ihr, was sie irgend verstehen kann."

„Merkwürdig", meinte der Pfarrer nachdenklich, „ich hatte oft wirklich den Eindruck, das Kind paßt auf. Und manchesmal fühlte ich mich sogar gedrungen, etwas so zu sagen, als spräche ich zu ihr, und es dem kindlichen Verständnis anzupassen."

„Da hat also die Großel doch recht. Sie hat nämlich neulich behauptet, der Herr Pfarrer predigt mit Absicht immer mehr so, daß auch die Kinder etwas verstehen können. Ja, die Großel, sie ist halt eine — —"

„Was ist die Großel für eine?" ließ sich plötzlich unter dem Fenster eine frische Stimme vernehmen. Und ein von schneeweißem Haar umrahmtes, kluges Gesicht mit tiefen, leuchtenden Augen, in denen jetzt ein feiner Humor aufblitzte, tauchte im Fensterrahmen auf. Gleich darauf trat die Großmutter mit ihrem kleinen Ebenbild, dem Annele an der Hand, ins Zimmer. Sie begrüßte den Besucher.

„So, so", lachte sie, „so wird hier über Abwesende gesprochen!" — Damit ließ sie sich neben der Schwiegertochter nieder.

„Wir sprechen eben vom Kirchegehen großer und kleiner Leute", entgegnete der Pfarrer — und sein Blick glitt von dem charaktervollen, durchfurchten Antlitz der Altbäuerin zu dem Kind, das zutraulich an ihrer Schulter lehnte und dessen Gesichtlein ihm so aufgeschlossen zugewandt war — „und ich wollte es Ihnen schon lange einmal sagen, Eichenhofmutter: so Sonntag für Sonntag die drei Generationen vom Eichhof vor mir in der Kirchenbank zu sehen — das ist für mich auch eine Predigt."

„Ach, Herr Pfarrer",—ein feines Lächeln erleuchtete die geistvollen Züge der Alten — „wenn man mit seinen 73 Jahren seine zehn Jahre Sonntag hinter sich hat mit dem regelmäßigen Kirchenbesuch, dann versteht man so recht, daß das Kirchengehen einen nicht seligmachen kann. Wenn einer nur sonntags essen und in der Woche fasten wollte, das gäb' eine schöne Unterernährung. Und wenn einer nur am Sonntag unters Wort kommt – auch wenn es lauter und rein gelehrt wird, was in meinen 70 Jahren nicht immer der Fall war – und er will nicht in der Woche „heilig als ein Kind Gottes danach leben", so wird ihm der Kirchgang wenig helfen. Und ich bin froh, daß ich gerade durchs Kirchegehen gelernt habe, selbständig und täglich aus dem Wort mir Kraft zu holen. Aber gerade weil ich das tue, darum habe ich am Sonntag so recht das Bedürfnis, mit der Gemeinde Gott zu loben und zu preisen. Um die Gemeinde geht mir's fast noch mehr als um die Predigt, so sehr ich Ihre Auslegung auch schätze, Herr Pfarrer."

„Ach, die Gemeinde!" seufzte der Pfarrer, „die Gemeinde!"

„Ja, die Gemeinde! – Ich weiß wohl, warum Sie seufzen, Herr Pfarrer. Ich sehe die leeren Plätze auch. Und darum ist es mir so ein Anliegen, daß der Platz neben mir – und auch einmal der Platz nach mir – nicht leer bleibt. Aber die Gemeinde, das sind ja nicht nur die paar ‚auf der tiefsten Stufen', wie es in einem Kirchenlied heißt, die da sind oder eben nicht da sind, sondern vor allem die auf der höheren Stufe, die ‚vollendeten Gerechten und die Schar, die Palmen trägt'. Nirgends fühle ich mich ihr so verbunden wie gerade in der Kirche. Nirgends fühle ich mehr, daß ich nichts bin als ein kleines, schwaches Glied einer langen, unzerreißbaren Kette, deren stärkstes Ende, Gott sei Dank, nicht hier auf Erden ist. Hier sind mir ja nur fünf ihrer Glieder bekannt: mein eigenes, die zwei vor und die zwei nach mir. Und die zwei Glieder vor mir – die besetzen sehr oft die leeren Plätze im Gottesdienst. Dann bin ich selbst wieder das kleine Annele. Wie gar nichts sind doch 70 Jahre! Dann sehe ich auf zu meiner Mutter und zu meiner Großmutter in stiller Bewunderung; denn nirgends sind sie ja so schön wie im Gottesdienst, wenn über ihrem Gesang die seidenen Bänder an der Kappe und an der Schürze leise rauschen. Und beim alten Tauflied höre ich mich flüstern: Mutter, was ist ein ‚unerforschlich Meer der Gnaden'? Und ich sehe, wie Mutter streng den Finger auf den Mund legt und Großmutter leise den Kopf schüttelt. Und dann freue ich mich, daß ich 70 Jahre dies Meer erforschen durfte und dennoch nicht erforscht habe. Und wenn der ‚Geist der ersten Zeugen' angerufen wird, höre ich Großvaters prächtigen Baß, der an der Empore ‚auf der Mauer als treuer Wächter steht' und hinter funkelnden Brillengläsern über alle hinwegsingt. Beim Gebet von den ‚Hirten und Amtleuten' lächelt mir allemal unser alter Dorfhirt mit seinem langen, weißen Bart neben dem Pfeiler zu, weil ich nie versäume, ihm einen Blick zuzuwerfen, um der hohen Ehre willen, die ihm zuteil wird. – Ja, dann sehe ich sie so eins ums andere. Und die leeren Plätze werden alle besetzt. Sie müssen nicht denken, daß mich das vom Hören der Predigt ablenkt. Im Gegenteil: Sie hören mit. Und ‚sie beugen sich mit ohne Ende'. – Und ‚ich falte mit die frohen Hände'.

Ihnen gegenüber fühle ich mich auch verantwortlich, daß die Glieder, die ich einmal hier zurücklasse, den Anschluß gefunden haben an die starke Kette, die in der Ewigkeit verankert ist. Sie werden Rechenschaft von mir verlangen, wenn ich einmal von der tiefsten Stufe versetzt werde und ihnen begegnen darf – auch für mein letztes Glied."

Sie zog das Kind an sich. „Darum wollte ich es um keinen Preis der Schule überlassen, das Annele in die Kirche zu schicken, so froh wir auch sein müssen, wenn überhaupt noch ein Lehrer danach fragt, ob die Schulkinder zur Kirche gehen. Und allemal, wenn es mir sein Händchen entgegenstreckt: ‚Großel, nimm mich mit in die Kirche', da spüre ich: das jüngste Glied sucht den großen Anschluß. Aber sehen Sie" – ein warmer Blick streifte die Schwiegertochter – „es darf auch kein Zwischenglied fehlen. Jedes hat ein Anrecht – auch das, das erst in die Familie hineinwachsen muß – an den Segen der frommen Vorfahren. Denn dieser Segen fließt weiter von Geschlecht zu Geschlecht, solange die Kette nicht unterbrochen wird."

„Ja", vollendete bewegt der junge Pfarrer – und er legte seine Hand auf die stramm geflochtenen, ährenblonden Flechten, die das Kinderköpfchen vor ihm umrahmten, und sah in die Augen, die aus unergründlichen Tiefen auf ihn gerichtet waren, „ja – bis ins tausendste Glied . . ."

ERWINS HIMMELSSCHLÜSSEL

„Glück muß der Mensch haben!" so dachte wohl mancher Arbeiter, der in der Morgenfrühe sein Rad den Berg hinaufschob, mancher Bauer, der hinter Pflug und Egge herkeuchte, wenn sie an dem schmucken, neuen Haus des Architekten Winkler vorbeikamen, das aus blanken Fenstern gar fröhlich ins weite Land schaute. Manch einer blieb wohl einen Augenblick stehen, wischte den Schweiß von der Stirn, wandte sich um und umfaßte mit einem kurzen Blick die sich bietende Aussicht. Ja, herrlich mußte es sich hier wohnen! Und es war kein Wunder, daß manch neidvoller Blick über den weißlackierten Lattenzaun in den neuangelegten Garten fiel und wohl auch in die der Sonne zugekehrten, allzeit weitgeöffneten Fenster einzudringen versuchte. Ja, der Winkler! War er nicht ein Glücksvogel? Hatte sich aus engen kleinen Verhältnissen emporgearbeitet, im Wiederaufbau einen guten Posten erschnappt, und, nachdem er sein Können an zahlreichen Bauten landauf, landab erprobt, es nun im eigenen Heim erst recht zur Geltung gebracht. Das Haus war dem bäuerlichen Stil der Umgebung angepaßt; aber vom Keller bis zum Speicher vereinte es in sich alle Vorzüge moderner Baukunst und war die Verwirklichung eines langgehegten und sorgfältig ausgesponnenen Traumes.

Es stand so weit vom Wege ab, daß kein neugieriger Blick eindringen konnte. Nur die Amseln in den hohen Tannen am Waldrand, unter deren Schutz der naturliebende Baumeister sein Heim gestellt hatte, durften teilnehmen an dem Glück, das mit der Familie Winkler vor einigen Wochen hier eingezogen war.

Sie flöteten auch heute ihre schönsten Lieder über dem lieblichen Bild, das sich ihnen bot: In der großen, traulichen, dem Garten zugekehrten Stube saß die Familie am Eßtisch. Die Mahlzeit war beendet. Papa Winkler spielte mit seinen beiden kleinen Töchtern. Während sein rechter Arm die halbjährige Susi festhielt, die mit seinem Kaffeelöffelchen auf der Untertasse ein klingendes Konzert klopfte, das der ganze Kinderkörper mit Jauchzen begleitete, umfaßte seine Linke die an das Knie gelehnte zweijährige Doris, die ihm in süßem Kauderwelsch die jüngsten Heldentaten vom Dackel Polly erzählte. Nun fing Mama Winkler an, den Tisch abzuräumen. Ihr Großer, der achtjährige Erwin, ging ihr nach väterlichem Beispiel brav zur Hand. Soeben hatte er stolz die blinkende Kaffeekanne mit Rahmtöpfchen und Zuckerdose auf der alten Zinnplatte mit ausgestrecktem Arm vor sich hergetragen. Nun wandte er sich an seinen Vater: „Papa, hast du heute lang auf deinem Büro zu tun?"

„Nicht so lang wie sonst. Es ist ja Samstag. Warum?"

„Weil", der Bub warf einen schelmischen Blick auf die Mutter, „du hast mir doch versprochen . . ., du weißt doch, es ist morgen Muttertag, und du hast gesagt, wir gehen in den Wald, Schlüsselblumen suchen – für Großmama, wenn wir ihr den Schlüssel für ihre Zimmer bringen."

Ping! War es der Frühlingswind, der hinter der Frau Anne die Tür so heftig ins Schloß warf?

„Ich weiß nicht", Vaters Augen gingen nach der Tür, „ob es heute geht. Ich fürchte, ich komme doch zu spät."

„Aber zur Großmama fahren wir doch morgen?" beharrte der Junge.

„Ich denke wohl", entgegnete der Vater gequält und hielt nun das Händchen seiner Jüngsten fest in Vorsorge für die Untertasse.

„Darf ich dann nicht allein in den Wald gehen? Er ist ja so nah, und ich weiß die Plätze mit den Schlüsselblumen noch vom letzten Jahr, als du hier bautest. Ich möchet doch auch für Mama einen großen Strauß pflücken; ich wollte es nur nicht sagen", flüsterte Erwin nun mit glückseligem Lächeln an Vaters Ohr. Denn eben trat Mama wieder ein.

„Du wirst dir schön nasse Füße holen", erwiderte sie an Vaters Stelle, als hätte sie die Frage gehört, „und dann hast du doch Aufgaben zu machen."

„Keine, weil Samstag ist", triumphierte der Bub.

„Aber Geige üben. Und später, wenn die Kleinen wieder wach sind, bin ich froh, wenn du dich mit ihnen abgibst. Ich muß noch ins Dorf."

„Aber nachher, wenn du daheim bist", bettelte der Junge, und sein flehender Blick glitt von der umwölkten Stirn zu den in die Ferne gerichteten Augen des Vaters.

„Wenn du recht lieb bist, schön übst und die Kinder hütest, bis Mama heimkommt, wird sie es dir gewiß erlauben. Du darfst natürlich nicht tief in den Wald gehen; du mußt ganz am Rand bleiben", entschied nun der Vater.

„Ich will auch noch alles aufräumen in meinem Zimmer", versicherte jetzt Erwin eifrig und machte sich sogleich aus dem Staub.

„Und für euch ist's höchste Zeit, ins Bett zu gehen! Mit diesen etwas heftig hervorgestoßenen Worten faßte Frau Anne Klein-Doris bei der Hand und griff nach Susi, die sich schreiend an Papas Uhrkette festklammerte. –

Wie plötzlich ändert sich doch eine Landschaft, wenn an einem lachenden Frühlingstag eine Wolke über die Sonne gleitet! Schwarz und trübe erscheint, was eben noch in lichten Farben prangte, und die Menschen, die sich der erwachenden Wärme freuten, ziehen fröstelnd die Schultern ein.

Über das lachende, vielbeneidete Glück Architekt Winklers war eine Wolke geglitten. Ihr Schatten lagerte auf Frau Annes Stirn und fiel auf die unschuldigen Kindlein, die in ihren Bettchen schluchzten und weinten, anstatt wie gewöhnlich mit einer einzigen Seitendrehung daumenlutschend einzuschlafen. Der Vater im Eßzimmer hörte die Jammertöne und die ärgerliche Mutterstimme, die so gar nicht beruhigen konnte. Er trat ans Fenster und sah nach der Sonne, denn es fror ihn plötzlich. Dann wartete er, bis er den Tritt der Frau auf der Treppe vernahm und sie hernach in der Küche wußte.

Sollte er nun den Wagen aus der Garage nehmen und ohne ein Wort davonfahren? Ach nein. Er wollte versuchen, die Wolke von ihrer Stirn zu verscheuchen. Es war doch morgen Muttertag. Vielleicht gelang es, ihr Mutterherz zu rühren. Entschlossen trat er ein und griff nach einem Trockentuch.

„Nicht nötig", brummte sie über die Schulter, „besorge lieber deine Geschäfte in der Stadt, damit du nicht so spät heimkommst."

„Ich habe nicht mehr viel zu tun heute nachmittag, bloß noch zu ordnen und einiges für den Montag vorzubereiten. Ich werde gut fertig, und ich helfe dir doch so gern, damit es auch für dich nicht zuviel ist

— für den Feiertag morgen", entgegnete er freundlich mit vielsagendem Lächeln. — Keine Antwort.

„Und nicht wahr, du machst dich nicht müde, damit du die Fahrt morgen recht genießen kannst?" —

Eisiges Schweigen. — Da legte der Mann die Bestecke in den Kasten und umfaßte von hinten die unermüdlich schrubbende Spülerin: „Ach Anni", sagte er herzlich, „nicht wahr, du findest dich nun darein. Es wird gewiß alles gut werden mit Mutter; besser, als du fürchtest. Denk doch, wie lang ich ihr versprochen habe, ihr einmal ein Haus zu bauen. Ich war, glaub' ich, so alt wie Erwin, als ich damit anfing. Und nun, wo es soweit ist — es wäre doch mehr als herzlos — schnöde wäre das, wenn man sie länger in der Dachwohnung sitzen ließe und ihren Füßen die Treppen zumuten würde, wo wir es hier —"

Mit ungestümer Bewegung riß sich die junge Frau aus dem Arm, der sie liebevoll festhielt. „Kein Wort mehr davon", unterbrach sie ihn bitter. „Wir haben schon genug über die Sache geredet. Ich habe es dir gesagt, ein für allemal: es geht nicht. Wir können nun einmal nicht auskommen, die Mutter und ich. Ein paar Wochen zu Besuch, das läßt sich aushalten. Aber für immer — wenn du es erzwingst — ich hab' dir's schon gesagt, und jetzt sag' ich dir's zum letztenmal: es gibt ein Unglück."

Damit faßte sie eine Schüssel mit Essenresten und verschwand in der Speisekammer.

In tiefer Betrübnis sah der Mann ihr nach, drehte mechanisch wieder und wieder die Gabel in seinen Händen, und als sie nicht zurückkehrte, legte er Gabel und Tuch auf den Tisch und ging hinaus.

Wenige Minuten später hörte man draußen das Surren des Motors. Das Auto glitt langsam aus der

Garage über den blinkenden Kiesweg, nahm die Kurve durch das geöffnete Tor und verschwand auf der staubigen Landstraße dem Städtchen zu. Mit roten Augen sah Frau Anne dem Wagen nach. „Fort ohne Kuß und Abschied", sagte sie jetzt, warf sich auf den Küchenstuhl, legte den Kopf auf den Tisch und schluchzte bitterlich: „Alles nur wegen ihr, nur wegen ihr!"

Es dauerte eine Weile, bis das Ticken der Küchenuhr die Hausfrau an ihre Pflichten mahnen konnte. Sie raffte sich auf und trocknete die Tränen. Ach, wie hatte sie sich darauf gefreut, an diesem Nachmittag bis zur Rückkehr des Mannes alles im Haus festlich herzurichten. Sie hatte darum schon am Morgen die Putzfrau aus dem Dorf kommen lassen, damit sie am Nachmittag nur noch den letzten Schmuck in die Räume zu tragen und das Festessen und die Kleider für Mann und Kinder zu richten hatte. Nun war ihr alles vergällt. Freudlos und achtlos ordnete sie die Küche, diese Küche, aus der die Liebe ihres Mannes ein blendendweißes und blitzblankes Schmuckkästchen geschaffen. Dann ging sie zögernd hinauf in den Oberstock und drehte den Schlüssel an einer der drei Türen, die auf den geräumigen Vorplatz mündeten. Es war der Schlüssel, den Erwin morgen feierlich der Großmutter mit den Himmelschlüsseln überreichen wollte, und er öffnete die Stuben, die der Sohn der Mutter in seinem Haus eingebaut hatte. Zwei waren es: ein geräumiges Wohnzimmer und daneben eine trauliche Schlafkammer. Sie nahmen den ganzen Giebel des Hauses ein nach der Südseite zu.

Ja natürlich, hier würde es ihr gefallen, der alten Frau, hier würde sie residieren und regieren. Mit bitterem, bösem Lächeln durchschritt die junge Frau das lichtgetünchte, leere Zimmer und trat auf die offene Holzlaube hinaus, die in den Giebel eingebaut war und beide Zimmer verband. Diese Holzlaube war das traulichste Eckchen des Hauses, ein Gedicht ihres Schöpfers. Ganz gewiß. Sie schmiegte sich unter das weitvorspringende Dach und die Seitenwände, war so windgeschützt vor dem Schlafzimmer und lag so geräumig, sogar mit Glasschiebefenstern versehen, daß ein Altes, das die Luft im Freien nicht mehr so ertrug, hier bei gutem Wetter fast den ganzen Tag zubringen konnte. Frau Anne trat an das geschnitzte Holzgesimse. Welch ein Ausblick! Und wenn einmal erst der neuangelegte Garten in vollem Schmuck stand! Schon reckte an den Holzpfeilern eine Klematis eine zarte Ranke empor. Ja, gefallen konnte es einem hier schon. Aber es war nun einfach nicht daran zu denken, und ihr Mann mußte sich die Sache aus dem Kopf schlagen. Wie konnte er von ihr verlangen, daß sie zusammenlebte mit einem Menschen, mit dem sie sich nicht verstand? Das hatte sich in den kurzen Wochen der alljährlichen großmütterlichen Besuche immer mehr verschärft, wenn sich das ganze Haus um die alte Frau drehte, der Mann mitsamt den Kindern. Der Mann hatte ja keinen Schritt getan, ohne die Mutter um ihre Meinung zu befragen. Überall mußte sie mit dabei sein, mitbestimmen. In die Kindererziehung redete sie hinein, besonders mit ihren frommen Sprüchen. Den Erwin hatte sie mit ihren wunderlichen Geschichten bereits ganz an sich gefesselt; der ginge für sie durchs Feuer. Mit den Kleinen würde es nicht besser werden. Das schlimmste aber: diese fromme Frau war eifersüchtig, ganz einfach eifersüchtig, und ihr Mann glaubte es nicht einmal. Sie konnte die Jungen nicht zusammen sehen. Das war immer so gewesen, schon von Anfang an; denn sie wollte den Sohn für sich haben. Und wenn sie immer im Haus wäre, würde sie ihr den Mann entfremden. Sie würde ihn gegen seine eigene Frau auf ihre Seite ziehen und alles an sich reißen. Denn sie würde auch die Kinder beeinflussen gegen die Mutter, ganz unauffällig natürlich. Anstatt sie ihr nur dann und wann abzunehmen, damit sie mit ihrem Mann eine vergnügte Stunde haben konnte – Theater, Kino, Konzert –, würde sie dem ganzen Haus ihre altfränkischen Grundsätze aufprägen. Nein, ihre Freundin Frieda hatte recht, hundertmal recht, wenn sie immer wieder warnte: „Laß dir nur die Schwiegermutter vom Hals, sonst erwürgst du dich selber!" Ja, so war es. Und damit Schluß. Ihr Mann sollte sie meinetwegen einladen, so von Zeit zu Zeit; denn man war selbstverständlich kein Unmensch: er war der einzige Sohn, und sie hatte sonst niemand; aber im übrigen kein Wort mehr vom Zusammenleben!

Wenn er ihr das nicht versprach, wollte sie überhaupt nicht mit ihm fahren. Sie hatte doch schließlich auch ein Recht an den Muttertag, nicht nur die Großmutter. Damit drehte Frau Anne energisch den Schlüssel an der lichtüberfluteten, leeren Stube und ging die Treppe wieder hinunter.

In seinem hohen, sonnenlosen Büro in der Enggasse schritt Architekt Winkler schon eine gute Weile auf und ab. Das Wochenprogramm war erledigt. Er hatte unterschrieben, was ihm sein Gehilfe am Vormittag bei seinem Abgang vorgelegt. Dann hatte er manches nachgeprüft, geordnet für den Montag, vorgerichtet. Aber seine Gedanken waren nicht bei seiner Arbeit gewesen. Darum hatte er so früh als möglich Schluß gemacht. Nun sah er nach der Uhr. Ob Erwin wohl in den Wald gegangen war? Eigentlich hätte er noch Zeit gehabt, ihn zu begleiten. Er hatte ja nur einiges in der Stadt zu besorgen. Einiges, auf das er sich wie sein kleiner Junge die ganze Woche hindurch gefreut hatte. Rosen hatte er bestellt, Rosen, nicht zum Verwelken in kristallenen Vasen, Rosen zum Blühen auf dem großen Rundbeet im Garten, niedere Sträucher, die ihm der Gärtner schon vor Wochen in Töpfe gepflanzt; denn für Hochstämme war es schon zu spät. Und Nelkenstöcklinge für das große Beet am Rasen entlang, das er in der letzten Woche gerichtet. Es sollte die Muttertagsüberraschung sein für seine Frau. Und dann die unvermeidliche Torte, natürlich mit dem Zuckerherzen in der Mitte, „der lieben Mutter", an der Erwin so große Freude hatte. Aber nun konnte er sich gar nicht aufraffen zu diesen vergnüglichen Festbesorgungen. Denn es fehlte ihm der freudige Antrieb dazu. Schon heute abend hatte er mit den Kindern festen und feiern wollen; er hatte es Erwin versprochen. Und der Besuch bei der Großmutter morgen, der Besuch mit den Himmelsschlüsseln und mit dem Schlüssel zu ihrer Himmelsstube war als Krönung des Ganzen gedacht. Denn bis heute hatte er geglaubt, daß seine Frau ihre Bedenken überwinden und sich in die Übersiedlung der Großmutter in das neue Heim finden würde. Hatte er doch vergeblich gehofft? Daß die beiden Frauen Mühe hatten, sich zu verstehen, war ihm schon manchesmal ein Kummer gewesen. Aber das war bei Schwiegermutter und Schwiegertochter nicht selten der Fall. Dennoch mußte bei gutem Willen ein friedliches Zusammenleben nicht unmöglich sein. Daß seine Frau sich mit wachsender Erbitterung dem widersetzen würde, was für ihn eine selbstverständliche Kindespflicht bedeutete, hatte er nicht erwartet. Denn es war eine selbstverständliche Pflicht, ganz besonders in seinem Fall. Unwillkürlich gingen seine Gedanken zu der Fernen, für die er sich so riesig gefreut hatte, endlich das Versprechen seiner Kindertage einzulösen: „Mutter, wenn ich groß bin, baue ich dir ein Haus."

Hatte sie es nicht ganz besonders um ihn verdient, diese Mutter? Wie hatte sie sich doch für ihn aufgeopfert! Als Witwe – sein Vater, ein tüchtiger Eisenbahner, war bei einem Unfall an der Bahn ums Leben gekommen, als er kaum einige Wochen zählte – hatte sie gedarbt, gespart und bis in die späte Nacht hinein die Nähmaschine getreten, um ihn mit seiner älteren Schwester durchzubringen. Dann hatte sie ihn auf gute Schulen geschickt. Ihr verdankte er, was er geworden war, in erster Linie. Denn sie hatte nicht nur an sein äußeres Fortkommen gedacht, sie hatte auch seinen Charakter geformt durch eine christliche Erziehung. Wie still und stark war sie ihren schweren Weg gegangen! Er sah sie vor sich, wie er mit ihr am Grab der jäh durch tückische Krankheit dahingerafften Schwester stand. War es ein Wunder, daß er ihr seit jener Stunde alles bedeutete, daß sie den einzigen Sohn umhegte, umsorgte? Ja umsorgte, besonders als er ihr ein junges Mädchen brachte, das ihr Herz nicht so rasch wie das seine gewann? Hatte sie doch recht gehabt, die Mutter, als sie mit ihrer Einwilligung zur Verlobung zögerte, indem sie ihn vor der oberflächlichen, leichtfertigen Art seiner Auserkorenen warnte?

Vergeblich mühte sich der unablässig Auf- und

Abschreitende, ein bitteres Gefühl in seinem Herzen zu unterdrücken gegen diejenige, die seine Lebensgefährtin und seiner Kinder Mutter geworden war. Es war Eifersucht, nichts als schnöde, grundlose Eifersucht ihrerseits, die der einsamen Mutter den Platz an seinem Tisch, in dem trauten Heim nicht gönnen wollte. Törichte Eifersucht und Widerstreben gegen den ernsten Sinn und frommen Glauben der Mutter, von deren Einfluß auf die Erziehung der Enkelkinder er im stillen so viel erhoffte und den gerade seine Frau durchaus nicht wünschte. Was sollte nun morgen werden? Oder konnte, durfte er seiner Frau, der Mutter seiner eigenen Kinder, an diesem Tag zumuten, was ihr im tiefsten Herz zuwider war? – Ach, daß doch ein Himmelsschlüssel Erwins ihr Herz erschlösse!

Da klingelte das Telefon. Winkler nahm den Hörer ab.

„Hier Winkler", sagte er mechanisch. Dann aber stieg eine jähe Röte in seine Stirn. Alles Blut strömte ihm zu Herzen. „Wie bitte?" wiederholte er immerfort, denn er konnte die Nachricht, die ihm der Draht vermittelte, nicht fassen. „Wie? Erwin verunglückt? Im Wald? Doch nicht tödlich? Ich komme sofort!"

Muttertag: Lieblicher, sonniger Festtag in tausend kinderfrohen Familien!

Muttertag: dunkler, schmerzensreicher Trauertag für unzählige blutende Mutterherzen auf der weiten Welt!

Mütter, die weinend in Wirklichkeit oder im Geist an nahen und fernen Gräbern stehen,

deren Seelen sehnsüchtig durch unbekannte Fernen irren, um Verschollenen zu begegnen und sie heimzurufen, deren Tränen im Verborgenen fließen um in Sünde und Schande verlorene Söhne und Töchter.

Muttertag, wie zogest du herauf über dem Haus, das gestern noch den Neid der Vorübergehenden erweckte, weil es gar so lachend ins weite Land schaute?

Was ist geworden aus den Himmelsschlüsseln, die ein totenblasser Knabe in verkrampften Händen hielt, als man ihn besinnungslos seiner Mutter ins Haus trug?

Ach ja, sie sanken zu Boden, und einige wurden von achtlosen Füßen in der großen Aufregung zertreten. Als aber der Krankenwagen den Buben in den weißen Binden in die ferne Hauptstadt entführt hatte, in jene Stadt, in der an diesem Tag das nicht mehr ganz scharfe Ohr einer alten Frau im vierten Stock einer Mietskaserne vergebens auf das Klingelzeichen des Briefträgers harrte – ja, als dies Schreckliche geschehen war, da hob die zitternde Hand einer jungen Frau die Blüten auf, die noch zu retten waren, und stellte sie in ein Glas.

Nun aber neigte sich der Muttertag dem Abend zu. Der Wagen stand vor der Einfahrt des neuen Hauses. Er sollte die schmerzzerschlagenen Eltern an das Lager des Buben bringen, von dem sie noch nicht wußten, ob er ihnen erhalten bleiben würde. Da lief die junge Frau noch einmal ins Haus zurück. Sie nahm die Blüten aus dem Glas, hüllte sie in Seidenpapier, zusammen mit einem harten Gegenstand, und barg sie in ihrer Ledertasche. Dann nahm sie den Platz ein neben dem schweigsamen Mann, und der Wagen rollte davon. –

Der alten Mutter Winkler in der fernen Stadt war der Muttertag in zwei voneinander sehr verschiedene

Hälften auseinandergebrochen. Nach der Enttäuschung des Samstags, der sie ohne Nachricht ließ von ihren Lieben, hatte sie den ganzen herrlichen Sonntagmorgen zwischen Bangen und Hoffen verbracht. Entgegen ihrer Gewohnheit war sie nicht zur Kirche gegangen, und auch das Radio, das ihr der Sohn eingerichtet hatte, hatte sie nicht reden lassen, um ja nicht das bekannte Signal der Autohupe zu überhören. Aber all die wirren Stimmen der vorbeisausenden Wagen hatten sie genarrt. Denn die eine war es nicht. Allmählich aber hatte um die vergeblich Harrende eine bittere Enttäuschung giftige Netze gesponnen.

„Sie kommen nicht", hatte eine Stimme in ihrem Innern gesprochen. „Sie kommen nicht. Und ich weiß auch ganz gut warum. *Sie* will es nicht. Ja, *sie* ist schuld an allem. *Sie* will ihren Mann für sich haben heute. *Sie* gönnt mir den Sohn nicht, noch nicht einmal am Muttertag. Denn ich kenne ja ihre Eifersucht. Und er, er ist zu schwach. Und dann: er müßte nun wohl ein Wort sagen, ein Wort von dem, was jetzt spruchreif ist. Denn sie wohnen ja jetzt im neuen Haus, in dem er seiner Mutter ein Plätzchen versprochen hat. Und das, das leidet *sie* nicht. Und lieber, als daß er mir das zugesteht und die Enttäuschung bereitet, lieber schreibt er nicht und kommt auch nicht. Ich kenne ja meinen Jungen mit dem weichen Herzen. Der Erwin artet ihm nach. Ach ja, der Erwin! Wie gern hätte ich ihn gesehen und die kleinen Mädchen! Die Susi ist ja *ihr* Ebenbild. Aber die Kleine? Wem *sie* wohl gleicht?"

War es zu verwundern, daß die Festsuppe der alten Frau Winkler heute mit Tränen gesalzen war und daß die seltenen Dessertstückchen unberührt im alten Büffet stehenblieben?

Aber Frau Winkler gehörte nicht zu den Menschen, die sich von ihren Enttäuschungen unterkriegen lassen. Ihr Herz hatte so viel harte Schläge des Lebens tapfer ertragen, es würde auch diesen überwinden. Mehr als den halben Sonntag opferte sie ihrem Wehklagen und Anklagen nicht. Nach ihrer einsamen Mahlzeit trocknete sie entschlossen die Tränen. „Jetzt kommen sie nicht mehr. Für die weite Reise mit den Kindern wäre es nicht der Mühe wert. Darum will ich auf den Friedhof gehen, wenn ich die Küche in Ordnung habe", sagte sie zu sich selbst, während sie den Tisch abräumte.

Der Weg auf den Friedhof führte Frau Winkler an einer Vorstadtkirche vorüber, aus der Orgeltöne erklangen. „Wie schön", sagte sich das alte Mütterlein, „daß ich doch wenigstens zu einem Nachmittagsgottesdienst komme", und sie schlüpfte durch das weitgeöffnete Portal. Obwohl sie kein Gesangbuch bei sich trug, mischte sich doch bald ihre zitternde Stimme in den Chor der Sänger; denn sie konnte das angestimmte Lied: „Sollt ich meinem Gott nicht singen" auswendig, und über dem tröstlichen „Alles Ding währt seine Zeit, Gottes Lieb in Ewigkeit", wurde es ihr schon etwas leichter ums Herz. Dann lauschte sie mit Aufmerksamkeit und Andacht der Predigt, die auch auf den Muttertag Bezug nahm, sich aber keineswegs im Lobpreis der Mutterliebe und Ermahnung zur Kindespflicht erschöpfte, sondern einmal die große Verantwortung der Mutter in den Vordergrund stellte und zu ernster Selbstprüfung mahnte. Wieviel gesünder und heilsamer war doch das als die gewohnten abgedroschenen Lobhudeleien! Am leuchtenden Beispiel der Hanna, der Mutter Samuels, zeigte der Prediger, was wahres Opfer, wahre und ganze Hingabe einer Mutter bedeutet. Dann erinnerte er an Abrahams Gang nach Morija. „Ach", rief er aus, „wie vieles, was wir als Mutterliebe preisen und besingen, ist verkappte Selbstsucht! Wie viele Mütter erziehen ihre Kinder für sich anstatt für den Herrn!"

Sehr nachdenklich verließ Mutter Winkler nach einem Stündchen das Gotteshaus. Und sehr bedenklich saß sie jetzt auf dem Bänklein am Grab ihrer beiden Lieben, überlegte, was sie soeben vernommen hatte, und ließ es auf ihre Seele einwirken. Und dann hielt sie, wie schon so manches Mal, stille Zwiesprache mit dem Gefährten ihres kurzen Eheglücks, der ihr schon so lange Jahre in die Ewigkeit vorangegangen war und dennoch so nahe in ihrem Herzen weiterlebte: „Nun hast du's gehört, Lieber, wie ich die Leviten gelesen bekam", sagte sie. „Es geschieht ihr auch ganz recht, deiner Frau, Peter. Da schimpft unsereins einen ganzen Tag innerlich auf einen anderen Menschen und vergißt ganz, vor seiner eigenen Tür zu fegen. Einfach, weil man sich für eine recht vorzügliche, in allen Stücken opferbereite Mutter hält. Bis einem einmal der Geist Gottes die Binde von den Augen nimmt, damit man sich sieht, wie man ist. Und dann muß man sich schämen. Und man hört auf, von Annes Eifersucht zu reden, weil man zugeben muß, daß man selbst ein böses, eifersüchtiges Herz hat. Du hast es ja gewußt, mein Lieber, und es ist betrüblich, daß es sich in den langen Jahren meiner Einsamkeit nicht gebessert hat. Aber nun ist höchste Zeit, daß es anders wird, sonst – wie soll ich bestehen, wenn – wer weiß wie bald – die große Abrechnung kommt? Darum muß ich jetzt endlich Anne gerecht werden und mich lösen von dem Jungen – innerlich lösen –, an den sie von Rechts wegen den ersten Anspruch hat. Denn das habe ich bisher nie fertiggebracht. Es hat mir vom ersten Tag an einen feinen Stich ins Herz gegeben, wenn ich die zwei glücklich sah oder wenn ich merkte, daß sie den ersten Platz in seinem Herzen hat, und es war mir immer eine stille Freude, ja eine Schadenfreude, wenn ich glaubte, das Gegenteil zu entdecken. Ich wollte es mir freilich nicht eingestehen; aber wie hat doch der Prediger gesagt: ‚Eine Mutter, die ihre Kinder zur Wahrheit erziehen will, muß vor allem wahr sein gegen sich selbst.' So muß ich es zu meiner Schande endlich bekennen. Es ist darum auch kein Wunder, daß sie mich nicht im Haus leiden will. Wer mag auch eine alte Frau um sich haben, deren eifersüchtiges Auge einen verfolgt und sich in die Kindererziehung mischt, die doch Sache der Mutter ist? Wahrscheinlich hätte ich an Annes Stelle das auch nicht gewünscht. Darum ist es wohl das beste, ich lege den Traum vom Lebensabend im Familienkreis unseres Jungen hier zu dir ins Grab und bleibe getrost und fröhlich in meinem Witwenstübchen dem Himmel nahe, solange meine Beine die vier Treppen bewältigen, gräme mich nicht mehr und lasse die Lieben, wie Gott will, gehen und kommen, meinst du nicht? Wenn es nicht mehr geht, nimmt ja das Diakonissenhaus Alterspensionäre. Aber wer weiß, vielleicht bleibt mir das erspart, und ich werde schon vorher zu dir emporgehoben."

Zur gleichen Stunde, da Mutter Winckler sich beruhigt und tapfer auf den Heimweg machte, betrat in dem weitläufigen Hospital, das nur wenige Straßen vom Friedhof trennten, Peter Winkler junior mit

Frau Anne schweigend das Wartezimmer der chirurgischen Klinik. In des Vaters hohe Stirn hatte der Schmerz scharfe Linien gezeichnet. Aus Frau Annes rotgeränderten Augen sprach die Angst. Stumm und starr saßen sie nun nebeneinander auf steifen Stühlen. Endlich, nach qualvoller Wartezeit, öffnete sich die breite Flügeltür. Der Professor, ein Jugendfreund Peters, trat ein und streckte den Harrenden beide Hände entgegen: „Junge", sagte er, „Junge, Glück muß der Mensch haben — oder nein: in solchem Fall paßt sich das frivole Gerede nicht. Glaubst du an Wunder? Nun, heute kannst du es lernen. Stell dir doch vor", er faßte den vor ihm Stehenden mit seinen langen Armen an der Schulter und schüttelte ihn kräftig, „da tritt der Bub auf eine Mine. Und anstatt daß die Mine ihn in tausend Fetzen reißt und du seine Knöchelchen auf den Bäumen zusammensuchen kannst, wie es das Normale ist und leider, leider immer noch passiert, schleudert ihn die Mine bloß in die Luft und setzt ihn so sachte ins Gras, daß er mit einem Arm- und Beinbruch, einer Fleischwunde und ein paar Schürfungen davonkommt. Rein unbegreiflich!"

„Bist du sicher", würgte jetzt der erschütterte Vater heraus, „daß er sonst nichts davonträgt?"

„Ganz sicher, das heißt, wenn sich nicht nachträglich noch etwas zeigt. Er ist nämlich vor einer Stunde zu sich gekommen, und ich habe ihn gründlich untersucht. Und die Hauptsache: er ist bei klarem Verstand. Schaut mich das Jüngelchen aus treuherzigen Augen an und fragt mich ganz manierlich: „Wo bin ich denn? Bin ich krank?"

„Hat er nicht sehr Schmerzen?" schluchzte Frau Anne.

„Ich denke nicht, vor allem, wenn er ganz still liegt. Arm und Bein sind bereits im Streckverband. Die haben wir bald zusammengeflickt. Aber die Kopfwunde! Sieh mal: ein paar Zentimeter weiter nach unten rechts oder links, und es hätte die Schläfe oder das Auge getroffen. Das ist das zweite Wunder."

„Darf man ihn sehen?" flehte aufatmend die Mutter.

„Das lieber nicht! Die Aufregung könnte ihm doch schaden. Er muß ganz still liegen. Übermorgen vielleicht. Aber nun dürfen Sie heimgehen und Gott danken, junge Frau, daß Er Ihnen das prächtige Kerlchen, ja, das ist er wirklich, gelassen hat. Es wäre schade gewesen um ihn, und er muß in der Tat einen Schutzengel gehabt haben nach der Auffassung meiner Mutter. Ja, das dürfen Sie wohl als Geschenk für den Muttertag buchen, Frau Winkler, ein solches Wunder erlebt man nicht oft. Es sind ja die entsetzlichsten Unfälle mit diesen Minen passiert. Und nun entschuldigt mich. Ich möchte auch noch etwas von dem schönen Sonntagabend haben." Damit drückte er dem vor Staunen verstummten Ehepaar die Hand und war verschwunden. Wie Traumwandler schritten Peter und Anne durch die langen, erstorbenen Gänge des Krankenhauses dem Ausgang zu. Jetzt öffnete der Mann den Wagenschlag und sah der Frau fragend in die Augen. Da kam Anne zu sich. Sie verstand und nickte zustimmend: „Zur Mutter, selbstverständlich!"

Großmutter Winkler saß im Dämmerlicht über ihre Bibel gebeugt am offenen Fenster. Sie hatte die Geschichte der Hanna noch einmal gelesen. Und auch die Geschichte des Abraham, der seinen einzigen Sohn nach Morija führte. Von der Predigt her war ein neues Licht auf diesen Opfergang gefallen. Dann hatte sie im achten Kapitel des Römerbriefes die Stelle gesucht, da der Apostel in die Jubelhymne ausbricht: „Ist Gott für uns, wer mag wider uns sein? Welcher auch Seines eigenen Sohnes nicht hat verschont, sondern hat Ihn für uns alle dahingegeben; wie sollte Er uns mit Ihm nicht alles schenken?"

Das heilige Buch war in ihren Schoß gesunken, und indem das hereinbrechende Zwielicht ihr die Schriftzeichen entrückte, wurde ihr inneres Auge geöffnet über dem Wörtlein *alles,* das sich vor ihrer erleuchteten Seele dehnte wie ein uferloses, grundloses Meer, ein allumfassendes Meer der Gnade.

Gnade, tief wie die tiefste See,
Gnade fließt von des Kreuzes Höh,
Gnade genügt für die Ewigkeit,
Gnade für mich allezeit . . ."

klang es in ihr nach einem einmal gehörten Lied. Ja, diese Gnade würde auch ausreichen, ihre letzten, einsamen Tage licht zu machen und zu erfüllen.

Über dem betenden Sinnen hatte die Greisin nun doch das Signal der Autohupe überhört, das *eine,* auf das sie den ganzen Morgen vergeblich gelauscht. Sie zuckte zusammen, als die Klingel schrillte. Wer mochte zu so später Stunde noch bei ihr anklopfen? Zögernd stand sie auf, um zu öffnen — und wußte nicht, wie ihr geschah, als sie plötzlich zwei lange Arme um ihren Hals fühlte und an ihrem Ohr das Wort vernahm, nach dem ihr Herz gelechzt hatte den ganzen Tag: Mutter!

„Aber Peter", stammelte sie, als sie sich frei machen konnte, „und du, Anne? Wo kommt ihr her, so spät noch?" — Und sie sah in die Augen, die mit so eigentümlich bewegtem, feierlichem Ausdruck auf ihr ruhten. Und so, als müßte die Mutter alles miterlebt haben, was an dem vergangenen Tag über ihren Einzigen hereingebrochen war, antwortete Peter: „Wir kommen aus der Klinik, von Erwin. Er ist, Gott sei Dank, gerettet!"

„Erwin? Was ist mit ihm?"

Tief erschrocken zog sie Sohn und Tochter ins Zimmer, nötigte zum Ablegen und Niedersitzen, und nun wurde sich Peter bewußt, daß er ihr sehr schonend, kurz und sachlich berichten mußte, was geschehen war. Sie konnte es kaum fassen.

„Auf eine Mine getreten im Wald? Kommt denn das immer noch vor? Ach – und beim Schlüsselblumenpflücken für mich, sagst du?" Sie brach in bitteres Schluchzen aus. Der Sohn zog sie erneut in die Arme: „Mutter", sagte er, „es ist kein Grund zu weinen. Wir können ja nur Gott danken, daß er lebt. Ein Wunder ist das, ein unfaßbares Wunder!"

Anne aber nestelte an ihrer Tasche und legte nun ein zerknülltes Päckchen in Seidenpapier vor die Großmutter hin. „Hier", sagte sie, „ein paar von den Himmelsschlüsseln, die er noch in Händen hielt, als sie ihn brachten. Ich dachte, sie werden dir kostbar sein. Es ist alles, was wir für dich haben – zum Muttertag." Sie stockte. „Und dies hier – weil Erwin es dir nicht bringen kann ..." und sie legte der alten Frau einen harten, kleinen, blanken Gegenstand in den Schoß.

Mit zitternden Fingern strich die Großmutter Winkler über die welken, goldenen Blüten. Dann aber nahm sie den stählernen Schlüssel, den sie zuerst verständnislos in den Händen gedreht hatte, und legte ihn vor ihre Kinder auf den Tisch. „Nein", sagte sie,

„davon darf nicht mehr die Rede sein. Das wurde begraben, heute. Zu unser aller Bestem. Es soll alles bleiben, wie es ist. Ich will nur froh sein, wenn es euch gut geht, und hie und da einmal hineinschauen und mich an eurem Glück freuen."

Da sagte der Sohn über das Haupt der jungen Frau hinweg, die ihr Gesicht an seiner Schulter barg: „Mutter, darfst du zurückweisen, was Erwin dir schickt und Anne dir schenkt, an einem Tag wie dem heutigen?"

Und die Mutter sah ihm ins Auge und las darin die große, flehentliche Bitte. Doch sie wollte nicht umsonst den Morijaweg gegangen sein und schüttelte darum noch einmal energisch und kräftig das silberumwobene Haupt, unfähig, an Dinge zu rühren, die in dieser Stunde keine Worte ertrugen. Auch die beiden ihr gegenüber vermochten nicht auszusprechen, was sich mit Gewalt über ihre Lippen drängen wollte.

Mutter Winkler fand sich am raschesten in die Wirklichkeit zurück.

„Ach", sagte sie, „ihr habt doch gewiß Hunger." Rasch wollte sie sich erheben, sank aber, von plötzlichem Schwindel erfaßt, zurück. „Der Schrecken", entschuldigte sie sich; „er schlägt einem doch in die Glieder."

Der Sohn zog sie an seine Seite nieder. Seine Frau aber sprang auf. „Mutter", sagte sie, „ich finde mich in deiner Küche schon zurecht. Du kannst mir vom Sofa aus Anweisungen geben. Irgend etwas wirst du ja im Haus haben. Wir sind nämlich tatsächlich hungrig. Seit gestern haben wir nicht viel gegessen."

Großmutter lächelte. „Geh nur an das Drahtschränkchen im Fensterwinkel und schau hier unten im Büffet nach; ich hatte mich nämlich ein wenig auf euren

Besuch eingerichtet.“ Sie blieb nun wirklich auf dem Sofa sitzen und sah zu, wie flink Anne hin und her eilte, wie geräuschlos und geschickt sie den Tisch vor dem Sofa deckte. „Wie nett und gewandt sie doch ist!“ dachte die Schwiegermutter; „ich habe das früher gar nicht so beobachtet.“ Der Sohn aber wagte es zum erstenmal, vor den Augen der Frau die Hand der Mutter in der seinen zu halten.

Nachher bei der Mahlzeit, über der doch ein wenig Festduft lag, wandte sich Peter an seine Frau: „Anne, ich möchte dir einen Vorschlag machen: Bleib doch bei der Mutter, bis — sagen wir Dienstag oder Mittwoch. Du könntest morgen wieder in der Klinik nachfragen, am Dienstag könntet ihr vielleicht zusammen Erwin besuchen. Am Mittwoch kann ich mich einrichten, dich zu holen.“

„Aber die Kinder“, meinte die junge Frau und sah unschlüssig vom Mann zur Mutter.

„Nun, deine Frau Schall, die sich heute so lieb um sie angenommen hat, wird gewiß für zwei Tage den Haushalt führen können. Sie ist ja immer bereit, und du hast sie gut angelernt.“

„Ich möchte schon gern in die Klinik und zu Erwin, sobald man darf.“

„Also dann abgemacht! Auf Mittwoch!“ Damit erhob sich Peter. „Ich muß nun rasch fahren; denn vor Mitternacht werde ich sowieso nicht zu Hause sein.“

Frau Anne geleitete ihren Mann die vier Treppen hinunter an den Wagen. Wie gern wäre die Mutter hinterdrein getrippelt; aber ihren Beinen durfte sie das nicht zumuten. Es war auch besser so. Sie sah den beiden nach, und es war ihr gar nicht unangenehm, daß Anne sich nicht allzu rasch wieder einfand; denn sie brauchte etwas Zeit zur Besinnung. Zum erstenmal sollte sie die Schwiegertochter allein beherbergen, dazu einige Tage. Sie sah hinüber nach dem kleinen Schlüssel, der auf einem Schmuckteller auf der Kommode ein Plätzchen gefunden hatte. Es half nichts. Sie konnte die Sache nicht so von sich schieben. Sie mußte einmal mit Anne reden, am besten jetzt gleich, wenn sie heraufkam. Es waren da noch Dinge auf ihrem Herzen, die herunter mußten.

Frau Anne aber war viel zu sehr Hausfrau, um nicht zuerst die Ordnung wiederherzustellen. Dann mußte das zweite Bett in Mutters Schlafzimmer gerichtet sein. So dauerte es wohl ein Stündchen, bis die geschäftige junge Frau sich noch einmal, nein zum erstenmal, an der Seite der Mutter in der anderen Sofaecke niederließ mit der Frage: „Sollten wir nicht schlafen gehen, Mutter?"

Die Mutter schüttelte den Kopf. „Nein", sagte sie, „ich muß noch mit dir reden." Damit faßte sie zaghaft nach der schmalen, kräftigen Hand, die sich leise vorgeschoben hatte, um den Raum zwischen ihnen beiden zu überbrücken.

„Zuerst will ich dir von Herzen danken für das große Geschenk des heutigen Tages. Daß gerade *du* mir den Schlüssel brachtest, werde ich dir nie, nie vergessen. Aber nun mußt du verständig sein und ihn wieder an dich nehmen für die Tage, wenn ich euch besuche. Das andere — es geht über deine und meine Kraft. Es wäre ein Unglück für uns alle. Ich bin so froh, daß mir das Gott heute gezeigt hat, ehe ihr kamt."

Frau Anne saß klein und bescheiden in ihrer Sofaecke. Jetzt strich sie schüchtern über die welken Finger, die sich zu ihr getastet hatten. Sie kämpfte die Stimmen nieder, die sich in ihrem Innern stritten, schluckte ein paarmal und sagte dann: „Mutter, was du sagst, das hätte ich gestern noch mit Freude und Dank angenommen. Denn gestern war es auch meine Ansicht, und ich hätte alles darum gegeben, wenn ich gewußt hätte, daß du diese Ansicht teilst. Aber zwischen gestern und heute liegt eine Ewigkeit, eine Ewigkeit an Schrecken, Herzweh, Verzweiflung, Angst und Wunder und Gnade."

Die welke Hand antwortete mit innigem Druck. „Ich verstehe", hieß das, „ich verstehe dich so gut."

So fuhr denn Frau Anne ermutigt fort: „Gestern, ach Mutter, wie war ich doch so häßlich mit Peter, mit Erwin, gerade wegen des Schlüssels. Ich muß es dir sagen; es hilft alles nichts! Dann kam das Schreckliche. Und als dann der Bub bleich mit geschlossenen Augen vor mir lag, da traf eine Stimme mein Ohr, der ich bisher geflissentlich aus dem Weg gegangen war. Und die sagte: Verstehst du jetzt, was es heißt, einen einzigen geliebten Sohn dahingeben? Und ich wußte, daß es eine Strafe Gottes war, dafür, daß ich dir, Mutter, deinen Sohn wegnehmen wollte, all die Jahre her und jetzt erst recht. Kannst du es mir verzeihen? Und all die häßliche Eifersucht, mit der ich Peter quälte?"

In tiefer Bewegung zog die Alte die bitterlich schluchzende junge Frau in die Arme.

„Ich habe dir nichts zu verzeihen, Anne. Denn du bist im Recht in deinem Anspruch an deinen Mann. Es ist eine göttliche Forderung, daß die Mutter den Sohn der Frau abtritt, die er wählt; denn die Bibel sagt: Es wird ein Mann Vater und Mutter verlassen und seinem Weib anhangen. Ich wußte das immer; aber ich wollte es nicht wissen, obwohl ich mich selbst für eine fromme Frau hielt; Gott hat es mir aber heute klar gezeigt. Darum habe ich mehr dich als du mich um Verzeihung zu bitten. Meine Eifersucht war schlimmer als deine; denn sie war unberechtigt. Aber nun bin ich auf dem Berg im Lande Morija gewesen und habe das Opfer gebracht. Das darfst du nicht mehr rückgängig machen. Es wäre ein Unrecht vor Gott."

Die junge Frau zögerte eine Weile mit der Antwort. Sie war ihrer biblischen Kenntnisse aus dem Unterricht so gar nicht mehr sicher. Dann aber wagte sie leise die Frage: „Hat nicht Abraham seinen Isaak wieder empfangen?" Und als die Mutter nicht antwortete, fuhr sie fort: „Gott hat uns den unseren wiedergeschenkt, wir dürfen es wenigstens hoffen, sollte Er dir den deinen nicht auch wiedergeben?"

Tiefes, herzbeklemmendes Schweigen! – Frau Anne aber bohrte ihr Brettlein weiter: „Schau, Mutter, Peter hat deine Stuben in unser Haus eingebaut, und deine Laube, diese Laube, an deren Gestaltung seine ganze, große Liebe zu dir Ausdruck gefunden hat. Ich glaube, er würde alle Freude an seinem Heim verlieren, wenn es nicht auch das deine würde. Du weißt, wie viele Jahre er in Gedanken für dich baute, viel länger als für mich. Und dann", sie zögerte ein wenig, „es ist nicht nur wegen ihm. Es ist auch wegen der Kinder und – wegen mir. Sie sollen in einem anderen Geist erzogen werden als bisher. Das habe ich Gott gelobt, als ich um das Leben Erwins flehte. In dem Geist, in dem du Peter erzogen hast und dem ich so lange widerstrebte. Und weil ich das nicht kann, darum brauchen wir dich. Vielleicht, wenn du viel Geduld hast, kann ich noch manches von dir lernen."

„Von einer bösen alten Frau wie deiner Schwiegermutter?" kam es halb entrüstet, halb schelmisch aus der anderen Sofaecke. „Ach, Kind, willst du dir mit Gewalt eine Last aufbürden, der du nur zu bald müde und überdrüssig werden wirst?"

„Mutter", demütig forschten die Augen der jungen Frau in dem durchfurchten Antlitz, in dem es gewaltig kämpfte, „glaubst du nicht, daß es eine Kraft gibt, die uns helfen könnte, uns gegenseitig zu tragen?"

„Doch, die gibt es", kam es endlich von den bebenden Lippen der sich langsam Aufrichtenden. „Sie fließt aus dem, was Gott uns schenkte, als Er für uns alle, auch für dich und mich also, Seinen einzigen Sohn in den Tod gab. Die Gnade, die ausreicht für Zeit und Ewigkeit, für Alter und Einsamkeit, die Gnade, die uns einmal den Himmel erschließt, die wird wohl auch als unerschöpfliche Quelle ausreichen, daß zwei schwache, sündige Menschen Kraft schöpfen können, täglich den Morijaweg zu gehen, um miteinander auszukommen. Wenn du es daraufhin wagen willst, mein Kind – nun dann – dann gib mir den Schlüssel in Gottes Namen."

„Erwins Himmelsschlüssel", jubelte Frau Anne, und sie stand auf, nahm ihn von der Kommode und legte ihn feierlich in die ausgestreckte, zitternde Mutterhand.

STIEFMÜTTERCHEN

„O Tante Lina, haben meine Gedanken Sie hergezogen?" Mit diesen Worten öffnete die noch jugendliche Lehrerswitwe Luise Treumann das Pförtchen ihres Vorgartens und streckte ihrem Sonntagsgast die Hände entgegen.

„Glaubst du, daß Gedanken wirklich solche Anziehungskräfte haben?" lächelte die Eintretende. Dann beugte sich die hohe Gestalt zu dem weißen Kätzchen nieder, das ihr wedelnd um die Füße schmeichelte, und strich ihm über das seidige Fell: „Sieh, da ist sie schon, deine Gesellschaftsdame: guten Tag, Katerlieschen!"

Nach dieser gegenseitigen freundschaftlichen Begrüßung saßen sich die beiden Frauen am Fensterplatz in der sonntäglich geschmückten Wohnstube gegenüber. Katerlieschen aber räkelte sich auf der Blumenbank zwischen den rotblühenden Geranien in der Sonne. Tante Lina straffte ihren Rücken an dem Sorgenstuhl, der seinen Herrn überdauert hatte. Ihre warmen, durchdringenden Augen hinter den funkelnden Brillengläsern richteten sich fragend auf ihr Gegenüber. Luise war nicht ihre Nichte, nur ihre einstige Sonntagsschülerin, und nannte sie Tante mit dem gleichen Recht, mit dem das ganze Dorf es tat. „Tante Lina", hob diese nun an, „es ist etwas, was mir das Herz bewegt und mir keine Ruhe läßt. Wissen Sie schon, daß unser Schuster, dessen Frau voriges Jahr gestorben ist, diese Woche ins Sanatorium geschickt wurde, ziemlich hoffnungslos?"

„Nein, davon habe ich noch nichts gehört", entgegnete Tante Lina teilnahmsvoll, „und was wird aus den Kindern? Sind es nicht sechs?"

„Gerade das ist's! Die drei Ältesten sind versorgt. Die Tochter holte ein Bruder, die zwei Buben die Schwester; aber nun die drei Kleinen?"

„Ach so!" Ein Lächeln ging über das gütige Antlitz unter dem würdigen schwarzen Spitzentuch. „Jetzt verstehe ich deine zugkräftigen Gedanken. Du denkst an unser Kinderheim!"

„Ein wenig schon, Tante. Ich nehme an, daß neben Ihren drei Dutzend auch diese drei noch ein Plätzchen finden. Aber es ist noch ein anderer Gedanke, der mich nicht mehr losläßt. Das Älteste dieser drei steht immer vor mir. Es ist ein kleines Mädchen, die Kathrine, fünf Jahre, ein armes Ding: finster, täppisch, struppig, vernachlässigt, durchaus kein anziehendes Kind. Den ganzen Tag sitzt es auf der Haustreppe und schaut zu, wie die Kinder auf der Straße spielen. Denn sie lassen es nicht mitmachen. Gestern hat es mit Steinen gegen sie geworfen. Dann haben sie den Hund auf das arme Ding gehetzt. Es ist ein Jammer. Denn natürlich wird das Kind immer boshafter. Ich beobachtete es vom Fenster aus. Man sollte nicht glauben, wie grausam Kinder sein können, und wie sie schon einen Blick haben für Anziehendes oder Abstoßendes. – Aber ich muß dann immer denken: das Kind kann doch nichts dafür. Wer weiß, wenn es eine Mutter hätte, wenn irgendein Mensch sich seiner annähme – eine schwierige Aufgabe wäre es ja wohl!"

„Luise", unterbrach hier Tante Lina und faßte mit bezwingender Kraft nach den beiden Händen der jungen Frau, die ineinander verschlungen im Schoß ruhten, und aus ihren Augen brach ein Strahl, als wenn an einem Frühlingsmorgen die Sonne wie ein sieghafter Held dem kommenden Tag entgegenlacht: „Jetzt wird's endlich hell in dir! Ich weiß, was dein Herz sagt in dieser Stunde, und ich kann dir nur Mut zusprechen und dich beglückwünschen. Ja, ich glaube nun selbst, das hat mich hergezogen, als ich zu meiner Thea sagte: „Ich muß einmal heute nach Luise Treumann sehen. Sie steht immer vor mir."

„Glauben Sie wirklich?" fragte Luise ein wenig zaghaft. „Glauben Sie, ich darf es wagen?"

„Wenn Gott dich heißt, gewiß. Aber ich glaube fest, Er hat dir den Gedanken deshalb ins Herz gegeben, weil Er dir diese Aufgabe anvertrauen will. Denn siehst du, ich bin der Ansicht, jede Frau ist geschaffen für ein Kind und jedes Kind für ein Frauenherz."

„Aber nicht jede Frau kann doch ein Kind haben", unterbrach Luise mit traurig widersprechenden Augen. „Das war doch unser stiller Kummer in unseren sonst so glücklichen Ehejahren."

„Ich weiß", tröstete Tante Lina. „Warst du nicht selbst immer ein wenig das Kind im Haus in deinen Glücksjahren, du, die einstige Schülerin deines Mannes?" In Luise Treumanns Augen schoß ein plötzlicher Tränenstrom. Sie nickte nur und schluckte tapfer. Tante Lina aber fuhr fort: „Ich meine natürlich nicht eigene. Aber warum haben oft Frauen keine eigenen Kinder? Damit sie sich um mutterlose annehmen können. Das ist meine feste Überzeugung, und nicht, damit sie ihre Zeit und Liebe an Katzen und Hunde und anderes Getier verschwenden."

„Tante Lina", bettelte Luise, „schelten Sie mir mein Katerlieschen nicht. Die Kinder brachten es einst meinem Mann in die Schule, räudig, halbverhungert.

Es war unser beider Freude, ihm das Leben zu retten; war das Unrecht?"

„Gewiß nicht! Nur alles an den rechten Platz; auch die Katz – und niemals als Ersatz für einen anderen Schatz."

„Tante Lina, Sie werden ja poetisch", lachte die junge Frau unter Tränen.

„So? Das werde ich immer, wenn ich von Kindern rede. Wer drei Dutzend hat, der . . ."

„Na, wenn der noch poetisch wird, dann sollte es mit *einem* wirklich noch zu wagen sein."

„Eins ist zu wenig und darum oft ein Unglück. Nimm doch gleich alle drei! Das ist viel besser."

In schweigendem Entsetzen hob Luise beide Hände hoch. „Drei auf einmal? – Das geht entschieden über mein Vermögen – in jeder Beziehung. Das passiert in einer normalen Familie auch nicht."

„Wenn Gott nicht Drillinge beschert", lachte Tante Lina. „Aber vielleicht hast du doch recht. Auf einmal ist's ein bißchen viel für deine Unerfahrenheit. Obwohl, ich seh sie schon mit deinem Katerlieschen in der Sonne um die Wette ums Haus sausen."

„Sie würden die Katz' schön zurichten, das Schwesternkleeblatt, ihr den Schwanz ausreißen, was weiß ich alles", entrüstete sich Frau Luise schon im voraus.

„Ach was, Kinder und Katzen! Sie kommen schon aus miteinander. Obwohl man sagt, daß Katzen keine Spielgefährten sind für Kinder, von wegen der Gefährlichkeit der Katzenhaare; aber bei uns im Heim hat's auch zwei, einen Hidigeigei und eine Dulcinea, und neulich brachten sie einen entlaufenen Hund –, und keines von uns hatte das Herz – oder vielmehr so wenig Herz –, ihn vor den Augen der Kinder seinem Schicksal zu überlassen. Und nun tollt der

Tramp, wie sie den Hund nennen, mit Hidigeigei und Dulcinea um die Wette, und das kugelt und rollt und kläfft und jauchzt und tobt mit den Kindern um das Haus, daß man oft Tränen lachen könnte, wenn man bloß Zeit hätte."

„Ja, bei Ihnen im Kinderheim!" sagte jetzt Luise mit einem Seufzer unverhohlener Bewunderung. „Wie es da zugeht! Das ist rein nicht zu glauben. Die vielen Kinder, so verschieden, manche noch gezeichnet durch ihre Herkunft, und doch alles so fröhlich, so harmonisch – und ihre Thea als glückliche Mutter – und Sie als die Seele des Ganzen!"

„Als die verwöhnte Oma, mußt du sagen!"

„Ach Tante Lina, es ist wahr, wie sind Sie so zu beneiden! Wie muß es Ihnen Befriedigung geben! Erst die drei Kinder, die Sie selbst erzogen haben."

„Siehst du, drei!"

„Die beiden Nichten, der Neffe, alle so wohl geraten. Und nun dieses Lebenswerk, in dem Ihre Jüngste so freudig steht! Wissen Sie, seit mein Mann tot ist, hat mir das schon schlaflose Stunden bereitet. Ich meine nur, ich bin so schrecklich untauglich für eine solche Aufgabe. Sie! Was sind Sie immer für ein Mensch gewesen! Immer so ganz anders als alle. Wissen Sie, daß ich Sie von Kind an bewundert habe? Seit ich in Ihr Haus kam, um mit Ihren Nichten zu spielen. Ich kann mich noch entsinnen, wie Sie ankamen, wie Thea und Martha immer davon sprachen: ‚Jetzt kommt unsere Tante, dann haben wir wieder eine Mama.' Waren Sie nicht im Ausland? Ich habe den Eindruck, es ging mit Ihrem Kommen damals nicht so rasch."

„Ach ja, weißt du, es fiel mir sehr, sehr schwer. Ich hatte nämlich eine wunderbare Stelle in Schweden;

über zehn Jahre war ich in einer vornehmen Familie, zuerst als Kinderpflegerin für den Jüngsten, dann ganz allmählich als Erzieherin auch der älteren Töchter. Denn ich wurde Freundin der Mutter. Sie war, ach, selbst ein großes Kind. Künstlerin von Beruf, machte sie sich einen Namen durch entzückende Kinderbilderbücher, für die ihre Kinder natürlich die Modelle abgaben. Daß sie diese Kinder nebenbei auch noch erziehen sollte, konnte man wirklich nicht von ihr verlangen. So war sie sehr glücklich, mir diese ihr so unangenehme Aufgabe ganz überlassen zu können. Sie freute sich, als ihre Töchter mir ihr Vertrauen schenkten; sie tat es selbst sehr bald. Und sie war nicht einmal eifersüchtig, als sie beobachtete, daß ich den ersten Platz im Herzen ihres prächtigen Sven einnahm."

Im Erinnern an diese Glanzzeit ihres Lebens schwieg die Erzählerin einen Augenblick, und in ihre Augen trat ein Ausdruck, als spiegle sich in ihnen das tiefe Blau jener fernen Seen, an dessen Ufern sie mit ihrem Jungen gewandelt.

Frau Luise aber wollte mehr wissen. „Ich kann mir denken, daß es für Sie nicht leicht war, hierher zurückzukehren in so ganz andere Verhältnisse, in die Gemischtwarenhandlung hinter den Ladentisch. Ach, ich weiß noch wie heute, wie wir Kinder uns damals um die Einkäufe bei Ihnen stritten. Es war so etwas an Ihnen, das uns alle anzog. Wir verspürten irgendwie das Höhere, das Ihr Leben bestimmte."

„Schwätz doch nicht so töricht, Luise! Es war nicht sehr weit her mit mir. Gott mußte eine ernste Sprache reden, daß ich endlich marschbereit wurde. Wenn mein Schwager nicht auf den Tod erkrankt wäre, ich glaube, ich hätte mich nicht losreißen können."

„Was ist aus Ihrem Sven geworden?"

„Ach, der gute Junge! Es gibt mir immer noch einen Stich, wenn ich daran denke; ‚Sell', sagte er — er nannte mich ‚die Sell' als Abkürzung von Mademoiselle; denn wir sprachen französisch zusammen auf Wunsch seiner Eltern — ‚Sell, es ist nicht möglich, Sie dürfen mich nicht verlassen!' — Aber das Schönste: er blieb mir treu."

„Ach ja, jetzt erinnere ich mich", unterbrach Luise lebhaft. „War es nicht der Junge, der öfters im Sommer hier war und den man an Ihrem Arm durchs Dorf spazieren sah? Wir hielten ihn für einen Prinzen in seinem hellen Matrosenanzug."

„Ja, er durfte hier einige Male seine Ferien verbringen. Dann schlief der Verkehr etwas ein. Die Briefe kamen spärlicher. Einmal auf einer Durchreise trafen wir uns am Bahnhof, und ein hochgewachsener junger Mann verbeugte sich tief vor mir, küßte mir die Hand und überreichte mir einen wundervollen, riesigen Rosenstrauß. Als wir aber wenige Sätze zusammen gesprochen hatten, war ich wieder ‚seine Sell' und er mein Sven. Und heute ist er ein Freund unseres Heimes und hat versprochen, uns einmal zu besuchen, um mir seine Töchter zu bringen. Aber weißt du, wenn ich von ihm erzähle, geht mein Herz immer mit mir durch. Dann kann ich nicht aufhören. Und ich muß doch allmählich wieder an die Heimkehr denken."

„Nicht, ehe Sie mit mir ein Täßchen Tee getrunken haben. Was denken Sie auch?" Mit diesen Worten sprang Frau Luise lebhaft vom Stuhl auf. „Kommen Sie, während ich den Teetisch richte, erzählen Sie mir weiter!"

„Nein", lächelte Tante Lina, und ein ganz zartes

Rot stieg in ihre Stirn, und es war, als glätte eine unsichtbare Hand jedes Fältchen des Antlitzes, auf dem so viel mütterliche Güte den noch so mädchenhaften Reiz vertieft hatte, „meinen kleinen Sven, meinen Ritter ohne Furcht und Tadel, den mußt du mir jetzt lassen. Wir versorgen ihn wieder in den Schrein der Erinnerungen. Wenn er aber kommt — er ist jetzt in einflußreicher Stellung und hat einen ganzen Freundeskreis für unsere Arbeit interessiert —, dann werde ich ihn dir vorstellen, und du wirst ihn mit deiner kleinen Kathrine an der Hand begrüßen." —

„Ach, ‚meine Kathrine'! Welch ein Wort, Tante Lina! Glauben Sie, daß ich je mit einem fremden Kind auch solch ein Verhältnis haben könnte?"

„Ein Verhältnis wie ich mit meinem Sven? Nein, das glaube ich nicht. Das gibt es kaum ein zweites Mal. Ich glaube nicht, daß dein Kathrinchen je für dich ein Sven wird, obwohl aus manchem häßlichen Entlein schon ein wunderbarer Schwan geworden ist. Man rechnet viel zu wenig mit der Verwandlungskraft der Liebe. Wenn ich an so manche Veränderung denke, die wir in Kindergesichtern schon beobachten durften! Aber nicht das ist das maßgebende. Was Gott aus einem Menschen machen will, ist Seine Sache. Unsere Sache ist der Gehorsam. Denn ‚es braucht zum Bau von Gottes Reich' — und wir bauen Sein Reich mit jeder Menschenseele, die wir für Ihn erziehen, — ‚es braucht zum Bau von Gottes Reich Gehorsam nur'.

Sei etwas! Ach, es finde nicht
ein Tag dich liebeleer.
Im dunklen Winkel sei ein Licht,
ein Lotse auf dem Meer.

Sei etwas heute noch, sogleich,
doch folge Jesu Spur;
es braucht zum Bau von Gottes Reich
Gehorsam nur.

Diese Worte waren mein Leitstern in jenen ganz schweren Jahren des Anfangs, als ich nicht nur die drei mutterlosen Waisen ans Herz zu nehmen hatte, sondern auch meinen Widerwillen vor mancher Hausarbeit, vor den Schweineställen, dem Heringsfaß und der Öltonne täglich und kräftig überwinden und jede beklemmende Sehnsucht nach meinem feinen Büblein in den hintersten Winkel meines Herzens verbannen mußte."

„Und wieviel Segen ist aus diesem Ihrem Gehorsam geflossen!" sagte Luise gedankenvoll, „nicht nur für die Kinder, denen Sie Mutter wurden und Wegweiser zu einer herrlichen Aufgabe. Nein, für das ganze Dorf, für uns alle, Ihre Sonntagsschüler, die heute in der ganzen Welt zerstreut sind. Wenn ich nur daran denke, wie Sie hier den Sonntag einführten, mit welcher Zähigkeit Sie den Ladenschluß durchsetzten, allem Spott, aller Feindschaft zum Trotz! Ich glaube, Sie wissen gar nicht, wie weit Ihr Einfluß reicht. Sehen Sie, meine Schwester Elsbeth hätte sich ohne diesen Einfluß niemals entschließen können, einen Witwer mit einem Kind zu heiraten. Übrigens gibt ihr die Stieftochter zur Zeit sehr zu raten auf."

„So? Ich sprach doch vor zwei Jahren einmal mit ihr, und da schien alles zu klappen."

„In den ersten Jahren ja. Die Annemarie war lieb und leicht lenkbar. Aber nun ist sie siebzehn, und da sind allerlei Probleme. Zunächst mit der Schule: Sie hat die Abschlußprüfung, die sie auf Wunsch ihrer

Eltern machen soll, ehe sie als Buchhalterin in das väterliche Geschäft eintritt, nicht bestanden. Da mußte meine Schwester ernsthaft auftreten und ist allerlei auf die Spur gekommen: ungutem Verkehr und nicht fördernden Freundschaften. Dann lernt das Mädel auch darum mit Widerwillen, weil sie durchaus nicht aufs Büro will, sondern zur Kunst. Sie hat anscheinend Talent fürs Malen. Gerade gestern war meine Schwester hier und hat mir ihr Herz ausgeschüttet — und als ich ihr eine Andeutung machte wegen dem Kathrinchen, hat sie mir sehr abgeraten: ‚Laß deine Finger von anderer Leute Kinder, wenn du nicht unbedingt Gewißheit hast, daß du dazu berufen bist', meinte sie."

„Ach, die Arme!"

„Könnten Sie vielleicht nach ihr sehen? Sie sagte nämlich: ‚Ach, ich möchte einmal wieder mit Tante Lina reden. Ich glaube, es täte mir gut, mir von ihr den Kopf waschen zu lassen.'"

„Sehr schmeichelhaft! Dazu fühle ich mich nun wirklich nicht berufen."

„O wissen Sie, das tun Sie so ganz unbewußt. Aber vielleicht könnten Sie doch einmal bei Elsbeth hereinschauen. Es geht ja jetzt ein Autobus, mit dem man gute Verbindung hat."

„Wir wollen sehen. Du weißt ja, Luise, wie knapp meine freien Stunden sind, besonders, da es mit unseren Helferinnen oft auch nicht klappen will. So muß ich manchmal fürchten, daß es für Thea zuviel wird, und dafür sorgen, daß sie Ruhestunden hat. Aber deine Schwester gehört ja auch zum Kreis meiner Kinder. Da wird sich einmal ein Nachmittag finden lassen. Jetzt aber muß ich gehen. Wollen wir denn noch Gott bitten, daß Er dir Mut schenkt, die

Aufgabe, die Er dir vor Augen gestellt hat, ohne Zögern anzufassen, und daß Er den Einzug des Kindes segne? Die Buben nehmen wir und heben sie dir auf, bis du Mut gefaßt hast, die Kammern deines Herzens zu erweitern." – Luise Treumann nickte sehr ernsthaft und faltete die Hände.

„Am Sonntag ist Mutterfest. Da schenk' ich Mama etwas ganz, ganz Schönes", sang Estherlein Funk leise vor sich hin, indem es die Schiefertafel wieder und wieder mit dem Schwamm bearbeitete. „Was schenkst du ihr?" wollte Rudi, der kleine Bruder, wissen. „Das rätst du nicht, und ich verrat' es nicht", neckte Estherlein und schüttelte das Köpfchen, daß die dicken, blonden Zöpfe über die Schultern fielen und die Tafel wischen halfen. „Ich will es aber raten", beharrte Bubi.

„Wenn ihr doch ein einziges Mal still sein wolltet! Bei euch soll ein Mensch seine Aufgaben machen, ihr ewigen Quälgeister!" kam jetzt eine Stimme aus dem Hintergrund, wo Annemarie, die große Schwester, über den Büchern saß. Da trat die Mutter ein und sah in das zorngerötete Angesicht der großen Tochter, die eben Bücher und Hefte zusammenraffte und rasch das Zimmer verließ.

„Schenkt Annemarie Mama auch was?" forschte der Kleine. Estherlein hielt ihm das Händchen vor den Plappermund. „Du bist ein Dummer, du, das sagt man doch nicht."

„Warum nicht?" wehrte sich der Kleine. Estherlein sah nach der Mama, die am Fenster über dem Strumpfkorb saß, und legte die Fingerchen auf die Lippen. Frau Funk aber achtete gar nicht auf das Geplauder der Kinder. Der finstere Ausdruck im Gesicht ihrer Großen war ihr aufgefallen, und sie sann ihm nach.

Da trat ihr Mann ins Zimmer. „Elsbeth", sagte er, „hast du einen Augenblick Zeit?" – Dann wandte er sich an die Kleinen: „Ihr dürft ein bißchen im Garten spielen, bis Papa mit Mama gesprochen hat. Nachher schreibt Estherlein weiter." – Gehorsam faßte das verständige Schwesterlein den kleinen Bruder bei der Hand und lotste ihn hinaus. Bauführer Funk zog inzwischen einen Brief aus der Brusttasche. „Elsi", sagte er freundlich, „es täte mir leid, wenn der Brief dich aufregte. Annemaries Tante Klara lädt das Mädchen ein, seine Großmutter zum Muttertag zu besuchen."

„Was!" zuckte Frau Funk zusammen. „Das fehlt gerade noch. Da werden sie ihr den Kopf ganz verdrehen."

„Ich dachte es, daß es dir nicht recht ist", sagte der Mann gequält, „und darum werde ich abschreiben. Wiewohl – die Großmutter ist achtzig – und daß sie ihre Enkelin noch einmal sehen möchte . . ."

„Natürlich, selbstverständlich", sprach Frau Elsbeth gereizt, „ich weiß das ja – ich – ich bin einfältig; aber wenn man halt Stiefmutter ist . . ."

„Du mußt das nicht immer sagen, Elsi", begütigte der Mann und faßte herzlich nach der fleißigen Hand. „Ich weiß, daß du eine rechte Mutter bist zu Annemarie, und ich verstehe deine Bedenken. Der Einfluß von den anderen Verwandten war für Annemarie nie gut. Schließlich ist ihr Platz am Muttertag bei dir, der sie alles verdankt. Ich werde das ihrer Großmutter schreiben. Reg dich bitte ja nicht weiter auf!" Damit erhob sich Funk und verließ das Zimmer.

Ein Blick der Frau folgte ihm. Konnte sie den gequälten Ausdruck seines Gesichtes auch nicht sehen, seine vornübergebeugte Haltung, die müde hängenden Arme verrieten ihr genug. Sie ließ den durchlöcherten Kinderstrumpf in ihren Schoß sinken und starrte vor sich hin. Dann schüttelte sie energisch den Kopf. Nein, jetzt das Mädel, mit dem in letzter Zeit so schwer auszukommen war, gerade dahin schicken, wo es gegenteilig beeinflußt wurde, das wäre der reine Unsinn! „Das kann kein Mensch von mir verlangen", sagte Elsbeth schließlich vor sich hin, „so leid mir's tut um die alte Frau."

Da klang vom Garten herauf eine helle, fröhliche Stimme: „So, so, du bist also das Estherlein und du der kleine Rudi! Nun führt mich aber zu eurer Mutti!" Elsbeth trat ans Fenster. „Ach, Tante Lina", sagte sie, „Tante Lina!" Rasch strich sie sich über das wirre Haar, ordnete das Kleid und mit ein paar pfeilschnellen Handgriffen, was in der sonst wohlaufgeräumten Wohnstube vorübergehend aus der Form geraten war. Dann trat sie dem zu jeder anderen Zeit willkommeneren Besuch freundlich entgegen.

„Wie geht es, Elsbeth, wie geht's?" — Mit diesen schlichten Worten, deren herzlicher Ton ihren Wert ausmachte, trat der Besuch ins Zimmer, und ein Schimmer von goldenem Sonnenlicht brach aus den Augen, die forschend auf die junge Frau gerichtet waren. Elsbeth hielt dem durchdringenden Blick nicht lange stand. Tante Lina aber setzte sich und ließ die Kinder Entdeckungen machen in der mitgebrachten schwarzen Handtasche. Mit einem verheißungsvollen Päckchen trabte das Pärchen hinaus in die Küche, um Gretel, dem Dienstmädchen, auszurichten, sie möchte für Mamas Besuch den Kaffeetisch rüsten.

Es dauerte nicht lange, da wußte Tante Lina, wo ihre einstige Sonntagsschülerin der Schuh drückte. Sie erfuhr von den Stiefmutterschwierigkeiten, die eben jetzt erst aufbrachen, und zuletzt von dem heutigen Brief mit der unsinnigen Einladung.

„Elsbeth", sagte sie, nachdem sie ihren Blick ein paar Herzschläge lang durch das geöffnete Fenster emporgesandt hatte, „erinnerst du dich noch an den Maienausflug auf den Marienstein, den wir einmal mit der Sonntagsschule machten, wie wir da von der Höhe aus unser Dörflein grüßten, das so winzig zu unseren Füßen lag? Damals sagten wir: wenn wir doch alle Dinge so aus der Höhe ansehen könnten, so eigentlich im Licht von oben. Und wir versprachen uns gegenseitig, das lernen zu wollen."

„Ich erinnere mich wohl", sagte Elsbeth gepreßt, „aber es ist halt eine Kunst, die . . ."

„. . . sich nicht an einem Tag lernt", fuhr Tante Lina fort, „das ist klar. Darum müssen wir einander dazu helfen. Willst du?"

„Gern, Tante Lina, ach wie gern!"

„Nun, dann wollen wir versuchen, die Fragen, die dich beschäftigen, in diesem Licht zu sehen." Tante Lina faßte nach der Hand der einstigen Schülerin, und hielt sie zwischen den ihren herzlich fest. Dann hob sie an: „Zunächst einmal mußt du die Krise, in der deine große Tochter steht, nicht ohne weiteres auf das Konto ‚Stiefmutter' setzen. Siehst du, es gibt für jede Mutter Probleme mit den Kindern. Du wirst sie einmal auch mit Estherlein erleben. Schau, gestern sprach ich mit Lene Braun, jetzt Frau Schnell. Sie lebt mit ihrer Tochter zusammen, die an der Post angestellt ist und ihre Mutter in jeder Hinsicht gut versorgt. Aber was meinst du? Anstatt, daß Lene Gott dankt, daß es ihr so gut geht, brach sie in bittere Klagen aus, weil sie so wenig Anteil hat am eigentlichen Leben der Tochter und innerlich einsam neben ihr dahinlebt. Wie mußte ich sie ermahnen, doch um Verständnis, um abwartende Liebe, um Respekt vor dem sich entfaltenden Eigenleben der Tochter zu ringen, die eben jetzt ihre Selbständigkeit erstrebt und sich darum vor ihrer Mutter verschließt. Die eigene Tochter. Siehst du, Elsbeth! Aber all die Probleme um unsere Jungen, sie lassen sich lösen, wenn wir einen bestimmten Standpunkt einnehmen. Wir müssen uns wieder und immer wieder das sagen, was sich jede Mutter sagen muß, bevor sie einem Kind das Leben schenkt: Es geht durch Sterben nur! Und anders geht es nicht. Auch dann nicht, wenn die Kinder groß geworden sind. Und erst recht nicht, wenn wir anderer Mütter Kinder erziehen sollen. Bei den eigenen Kindern geht es vielleicht eben darum leichter, weil jede Frau notgedrungen einmal diesen Einsatz ihres Lebens gewagt hat und ihn darum leichter wiederholt. Obwohl man bei manchen Müttern daran zweifeln könnte, daß sie es je einmal getan haben. Bei anderer Mütter Kinder aber, wo uns die Natur nicht einfach in diesen Weg zwingt, möchten wir ihn manchmal umgehen. Wo wir ihn aber meiden, werden wir eben nicht Mütter.

Und nun, Elsbeth, schau einmal von diesem Punkt aus dem Stiefmutterproblem herzhaft ins Angesicht. Stirb all deinen persönlichen Wünschen, deinem empfindlichen Herzen! Warum willst du das Mädchen nicht zu Großmutter und Tante schicken? Gewiß, ich verstehe deine Bedenken: der böse Einfluß. Aber wird er nicht am schnellsten unwirksam, wenn du innerlich den Weg findest zu deiner Tochter? Dieser Weg heißt: Versetze dich in sie! Sie hat eben noch eine Großmutter, und sie hat ein Muttergrab. Schick sie getrost hin, daß sie es schmückt. Und, wenn du kannst, mit Blüten, die du ihr schenkst. Verlange nichts von ihr, was sie dir nicht geben kann, nicht Tochterliebe in einer Zeit, wo ihr vielleicht erst bewußt wird, was sie an der Persönlichkeit der eigenen Mutter verloren hat. Im Gegenteil: Laß ruhig das Bild der Heimgegangenen vor deinen eigenen Augen lebendig werden, damit du es der Tochter schenken kannst. Frage deinen Mann nach ihr. Denke, wie es dir wäre, wenn du von deinen Kleinen gehen müßtest, und es käme an deine Stelle eine Frau, deren größtes Bemühen es wäre, dein Bild so rasch als möglich aus ihren Herzen zu reißen. Wie alt war Annemarie, als ihre Mutter starb?"

„Neun Jahre!"

„Also älter als deine Kleinen. Sie muß noch deutliche Erinnerungen an ihre Mutter haben. Hast du nie daran gedacht, diese Erinnerungen aufleben zu lassen? Fürchte ja nicht, daß dies euer Verhältnis stören könnte. Im Gegenteil. Annemarie wird es dir danken, wenn auch vielleicht nicht mit Worten."

„Ach", erwiderte Elsbeth, „die Frage mit dem Muttertag ist schließlich Nebensache. Es ist vielleicht wirklich das beste, wenn sie nicht da ist — nicht gezwungen ist, Gefühle zu heucheln, die sie nicht hat."

„Nicht bitter werden, Elsbeth, ja nicht bitter!" Tante Linas Hand strich gütig über die Finger, die in den ihren zuckten.

Elsbeth fuhr fort: „Die große Frage ist die Frage um Prüfung und Schule und Beruf. All das ist ihr in der Seele zuwider wegen dieser Neigung zur Kunst, zur Malerei, die man doch nicht fördern kann. Denn erstens braucht ihr Vater sie im Geschäft, das sich in den letzten Jahren gewaltig vergrößert hat, und zweitens: Wie weit geht ihre Begabung? Gibt sie ihr Brot?"

Über Tante Linas Züge flog ein schelmisches Lächeln. „Ach", sagte sie, „die Kunst! Welches hochstrebende junge Mädchen fühlt sich nicht irgendwie von ihr berührt und gerufen! Ich z. B. wollte ja mit Gewalt Schauspielerin werden, einzig und allein, weil ich mit so großer Freude deklamierte."

Lachend sah Elsbeth auf. „Eine schlechte wären Sie nicht geworden, Tante Lina. Wenn ich denke, wie Sie erzählen können! So, als lebten alle die Menschen, von denen Sie sprechen. Ich zweifle nicht, Sie hätten Ihre Rollen meisterhaft gespielt, wie überhaupt alles, was Sie anfassen."

„Ach", seufzte die so Bewunderte, „meine Rolle! Gott sei Dank, daß ich keine zu spielen brauche, daß ich nur die Arbeit zu tun habe, die Gott für mich vorbereitet hat."

„Ein großes, schönes Lebenswerk, Tante Lina, an all Ihren Kindern. Wenn ich da an mich denke. Aber nicht wahr: Stiefmutterschwierigkeiten haben Sie nie gekannt. Ihre dreie hingen an Ihnen wie die Kletten."

„Das schon. Aber die Schwierigkeiten fehlten nicht. Sie kamen auch erst, als die Kinder heranwuchsen. Wenn ich denke, wie Hans sich mit allen Fasern seines Wesens sträubte, ins Geschäft einzutreten, und ich, nachdem ich alles versucht hatte, um ihn zur Vernunft zu bringen, mich schließlich auf seine Seite stellte gegen seinen Vater und ihm die Erlaubnis erkämpfte, Lehrer werden zu dürfen."

„Sehen Sie!"

„Ja, du hast recht, daß du mich daran erinnerst. Weißt du, einerseits dürfen wir nicht alle Träume unserer Jungen ernst nehmen. Wir müssen ihnen manchmal entgegentreten und sie früh üben in der Kunst, hart gegen sich zu sein. Das ist gesund. Andererseits aber müssen wir dann doch im rechten Augenblick erkennen, was ans Lebensmark geht und sich zum Unglück auswirken muß. Denn einen Menschen in einen Beruf zwingen, für den er nicht geschaffen ist, oder ihm einen verschließen, der sein Lebenselement bedeutet, halte ich für eine der größten Erziehersünden. Eben die Erfahrung mit unserem Hans, der jetzt so als ganzer Mann in seiner Schule steht, haben mich das gelehrt. Darum würde ich doch die Frage mit Annemaries Begabung zur Malerei erst zur Seite legen, wenn ich sie nach allen Seiten erwogen und mich über die Aussichten eines Berufes nach dieser Richtung hin gründlich orientiert hätte. Mir ist fast, es gäbe im Baugeschäft deines Mannes da andere Möglichkeiten als nur das Büro. Ich will mich doch einmal nach Kunstgewerbeschulen umsehen. Tu du's auch, so ganz in der Stille."

„Ach, Tante Lina, wenn man nur immer im voraus wüßte, was das Rechte ist!"

„Das können wir nicht. Das weiß Gott allein. Wir haben nur zwei Dinge zu tun. Das erste: Gehorsam Seinem Willen, täglich, bis in die kleinen Dinge hinein. Und das zweite: Tod dem Eigenwillen, auch täglich und auch in den kleinen Dingen. Das sind die beiden großen Lebensgeleise, auf denen man ganz sicher fährt und ohne Gefahr, rechts oder links abzugleiten. Sicher zum eigenen Heil und zum Heil all der Seelen, die Gott uns anvertrauen will."

„Haben Sie Dank, Tante Lina, für dies Wort. Ich will es mir ganz fest einprägen. Wie haben Sie gesagt? Gehorsam dem Willen Gottes, Tod dem eigenen? Ach, leicht ist das nicht! Wer das fertigbringt!"

„Es ist einfach das Geheimnis des Weizenkorns: Wo es in die Erde sinkt und stirbt, da bringt es Frucht, dreißigfältig, sechzigfältig, hundertfältig, wie Gott es ihm bestimmt hat, Elsbeth."

Im Morgengrauen des Muttertages beugte sich ein reisebereiter Mann über das Lager seiner Frau, um einen innigen Abschiedskuß auf ihre Lippen zu drücken. „Daß du mich heute wegschickst, ist etwas, was ich nicht begreife", sagte er. „Ich ahne aber das große Opfer deiner Liebe, und das kann nicht umsonst sein." Die Frau legte einen Augenblick beide Arme um seinen Hals; aber ein Wort brachte sie nicht über die Lippen.

Wenige Minuten später wanderte der Mann an der Seite der heranwachsenden Tochter durch den taufrischen Morgen dem Bahnhof zu. Zwei Stunden brauchte der Zug, um die Reisenden zur Heimatstadt von Annemaries Mutter zu tragen. Die beiden hatten sich in dieser Zeit sehr wenig zu sagen; denn was ihre Herzen empfanden, ließ sich nicht in Worte fassen. So saßen sie sich stumm gegenüber. Und als der Zug sie am fremden Ort abgesetzt hatte, wanderten sie schweigend dem Friedhof zu. Seitwärts von der Pforte betrat der Vater eine Gärtnerei, die an diesem Tag offenhielt, und kaufte eine wundervolle weiße Schneekönigin, zum Austopfen bereit. Er erbat sich vom Gärtner ein kleines Pflanzgerät und schritt dann an der Seite der Tochter zwischen vergessenen und wohlgepflegten Ruhestätten dem Grab zu, das einst sein Liebstes verschlang. Nun standen sie davor, Vater und Tochter. Es war sinnig geschmückt mit weißen, goldherzigen Margeriten und blauen Vergißmeinnicht. Dunkler Efeu, der es umfaßte, rankte an dem weißen Kreuz empor und deckte den bereits verwischten Namen.

„Margret“, sprach der Mann fast unwillkürlich: „Margret!“ Dann reichte er der Tochter den Rosenstock. „Von deiner Mama“, sagte er. „Ich habe ihn in ihrem Auftrag gekauft. Du sollst ihn deiner Mutter aufs Grab pflanzen.“

Das Mädchen wandte dem Vater ein paar entsetzte, verständnislose Augen zu. Was sollte das bedeuten? Es erschien ihr so fremd, so unfaßbar: Eine Rose von — Mutter für — Mutter! Ratlos hielt es den kleinen Topf in Händen.

„Wir pflanzen ihn in die Mitte; hier“, sprach der Vater, „halt, zuerst vorsichtig herausnehmen, daß die Erde sich nicht von den Wurzeln löst, sonst wächst die Pflanze nicht weiter.“ Er kniete nieder, grub das Loch, Annemarie umfaßte vorsichtig den Erdknollen, setzte ihn ein und drückte ihn fest. Ihre Hände bebten ein wenig, ihre Lippen zuckten; sie sprach kein Wort. Über sie geneigt, sah der Vater ihrem fast feierlichen Tun zu. Und nun standen sie nebeneinander, die so nah zusammengehörten und sich in dieser Stunde nicht zusammenfinden konnten, weil keines von ihnen fertig wurde mit den Fragen, die aus diesem Grab aufstiegen.

„Warum müssen Mütter sterben?“ erklang es im Herzen der Tochter, „sterben, ehe sie ihre Kinder lieben und ins Leben führen können? Warum kann man sie vergessen — und doch nie ganz?“

Diese letzte Frage war es auch, die das Herz des

Mannes streifte. Hatte er nicht sie, die unter diesem Hügel, unter weißen Margeriten und Vergißmeinnicht ruhte, geliebt, geliebt mit jeder Faser seines Herzens? Und dennoch wäre er heut nicht an ihrem Grab gestanden, wenn nicht eine andere Frau ihn gesandt hätte, jene Frau, nach der er sich in dieser Morgenstunde auf diesem erdfeuchten Friedhof so innig sehnte, weil sie heute die Sonne seines Herzens, seines Hauses geworden war? Wie war es möglich, zwei Menschen hintereinander so zu lieben? Und war es recht? War die Liebe zu der einen nicht Untreue der anderen gegenüber? Und war es nicht auch umgekehrt heute Untreue, die Rückkehr an dieses stille Grab, heute am Tag, der der Lebenden gehörte? War es richtig, war es sinnlos, heute die Tochter an dieses fast vergessene Grab zu stellen? Grüblerisch stand der Mann und sann und schickte seine Gedanken zu der Lebenden, mit der sich zu dieser Zeit alle Probleme leichter lösen ließen. „Wärest du doch gleich mitgekommen, du Schlimme, wenn du uns heute am Festtag an diesen Ort schicken wolltest!" klang es in ihm.

Da war's ihm, als fühle er eine warme, weiche Hand in der seinen, und eine Stimme sprach liebe- und dennoch vorwurfsvoll: „Nicht so, Emil, sollst du mit deinem Kind an diesem Grab stehen. Wie bist du auch so unverständig! Weißt du denn nicht: Rechte Mütter sind Schwestern, Schwestern im Leben, Schwestern im Lieben, Schwestern im Leiden, Schwestern im Sterben. Wenn eine geht, legt sie die Kinder der anderen ans Herz – ohne Eifersucht – in lauterer Liebe. Und ach, wie bald gibt eine der anderen zurück, was sie ihr anvertraut. Und wer weiß, wie bald – werden sie einander danken!"

Da legte der Mann dem jugendfrischen und dennoch so geknickt neben ihm stehenden Mädchen die Hand auf die Schulter. „Annemarie", sagte er, „wir wissen nicht, wieviel Anteil die Seligen haben an unserem Leben. Aber ich bin gewiß, deine Mutter würde sich nur freuen, daß du eine so gute zweite hast. Und sie würde sagen: ‚Hab sie lieb!' Denn sie würde sie lieben, und sie wären gewiß gute Freundinnen gewesen, die beiden, wenn sie sich gekannt hätten. Nun komm zur Großmutter! Dort werden sie sich freuen, dich wiederzusehen. Aber gelt, unsere Mutti daheim, wir vergessen sie nicht?" Damit zog er das Mädchen vom Grab fort.

Ja, Annemaries ganze Verwandtschaft: die Großmutter, die Tante samt den Kusinen, sie alle freuten sich, die aufblühende Tochter, die mehr und mehr das Ebenbild der Verblichenen wurde, einmal in ihrer Mitte zu haben – samt dem Schwiegersohn, den man in den letzten Jahren kaum mehr gesehen. „Meine Frau hat es gewünscht", fühlte sich letzterer verpflichtet zu betonen.

„Eigenartig immerhin", sprach Tante Klara herb. „Sie wird mit ihren Kindern lieber allein sein."

Aber Großmutter schüttelte sehr mißbilligend das schneeweiße Haupt. „Klara", sagte sie ernst, „wer redet solche Sachen! Lieb ist es von ihr, ganz einfach lieb, daß sie uns Annemarie geschickt hat. Sag ihr das, Annemarie, wenn du heimkommst, und ich lasse sie grüßen und ihr danken, daß sie mir die Freude gemacht hat."

Es wurde ein herrlicher Tag, den Annemarie in der Familie ihrer Mutter verleben durfte. Sie war der Mittelpunkt und ließ es sich gefallen – welches junge Mädchen an ihrer Stelle hätte es nicht getan? –, daß man sie gründlich verwöhnte. Stolz strich die Mädchenhand über die feine Seide des Sommerkleides, dessen Stoff Großmutter für sie gekauft hatte. Unter lieblichem Erröten und mit klopfendem Herzen ließ sie sich aus der Urgroßmutterschatulle die schwere goldene Kette mit dem Anhänger, der ein entzückendes Bildchen der eigenen Mutter barg, um den Hals legen. Dann ließ sie sich von Tante Klara den Teller mit der feinen Konditorware füllen, für die sie eine besondere Vorliebe hatte. So ganz allmählich taute sie auf und erzählte einiges aus der Schule, von daheim, von den Geschwistern. Sie merkte es wohl, daß die Verwandten besonders von ihrem Verhältnis zur zweiten Mutter hören wollten. Aber da wich sie aus und empfand es dankbar, daß Großmutter mit feinem Takt ihr beistand. Sie spürte auch, daß ihr Vater gedrückt neben ihr saß und sich nicht sehr behaglich fühlte, obwohl auch ihm alle Ehre erwiesen wurde. Und sie verstand, daß er sich nach daheim, nach — der anderen, die ihm jetzt die Liebste war, sehnen mußte. Merkwürdig, ja auch Annemaries Gedanken flogen zwischendurch heim — zu den kleinen Geschwistern — zu der Frau, der sie jahrelang ganz harmlos das Wort gesagt, das auszusprechen ihr jetzt Mühe kostete: Mutter. Wie mochten sie dort den Tag verleben?

Ja, der Tag, vor dem es Frau Elsbeth so gegraut, er wurde auch für sie und ihre Kleinen schöner, als sie befürchtet hatte in der Morgenfrühe, nachdem Mann und Tochter die Haustür hinter sich geschlossen. Wie hatte sie sich da in die Kissen geworfen und bitterlich geweint; denn sie war sich sehr unglücklich und bedauernswert vorgekommen, so einsam und verlassen an ihrem Ehrentag. Aber bald hatten sich zwei Ärmchen um ihren Hals geschlungen, und ein liebliches Kinderstimmchen hatte an ihrem Ohr geflüstert: „Mütterlein, weinst du?" – Estherlein war es, die barfuß hereingeschlichen kam, wie ein Engelein an ihrem Bett stand und es nicht erwarten konnte, all ihre Liebesaufträge loszuwerden. Papa hatte ihr doch soviel anvertraut: die wunderbaren Rosen für Mutti und ein mit roter Schleife gebundenes Paket. „Und im Büffet unten steht eine Torte, die sollen wir mit dir ganz allein essen, hat Papa gesagt." Dann kamen Estherleins eigene Angelegenheiten: das hübsche Deckchen für Mutters Nähtisch, heimlich in der Schule gestickt, der Vergißmeinnichtkranz in der Glasschale, der wachsen würde, die sorgfältig geschriebene Glückwunschkarte. „Und Bubi und ich sagen dir ein Verschen, wenn er wach ist." Damit schlüpfte das Engelein in das Kinderzimmer und konnte sich's nicht versagen, des Bruders Aufwachen etwas zu beschleunigen, indem es ihn am Öhrchen zupfte und hineinrief: „Bubi, Muttertag, Muttertag!" – Und das Zauberwort tat seine Wirkung. Die runden, blauen Bubenaugen erschlossen sich, die Freude brach wie ein heller Strahl heraus, und mit einem Satz war er aus den Kissen und mit dem zweiten auf Mutters Bett, um sie vor lauter Liebe fast totzudrücken. Dann erst kam das Verschen, das er mit seiner kleinen Lehrerin zusammen stolz vom Stapel ließ:

„Ich habe nichts so lieb, so lieb
als dich, mein Mütterlein,
es müßte denn der liebe Gott
im Himmel droben sein.

Den lieb' ich, weil Er dich mir gab
und weil Er mir erhält
das allerbeste Mütterlein
auf weiter, weiter Welt."

Die Liebe der Kinder, Estherleins Liebreiz, Bubis Drolligkeit, taten ihre Wirkung: Die Sonne brach durch die Wolken, die auf Muttis Stirn lagen, und die zwei Kleinen empfanden es als ganz besonderen Spaß, am hohen Festtag diesmal Mutti ganz für sich allein zu haben. Jedes von ihnen faßte nach einer Hand, um sie den ganzen Tag nicht mehr loszulassen.

Es dauerte heute länger als an anderen Sonntagen, bis die Kinder in den hellen Festkleidchen mit Mutti am Frühstückstisch saßen. Estherleins feines Herzlein gedachte der Abwesenden: „Wo Papa mit Annemarie jetzt ist?"

„Ist Annemaries Großmama nicht meine Großmama?" erkundigte sich der Kleine.

„Nein", erwiderte die Mutti und hielt dann inne. Es war wirklich schwer, dem Dreijährigen die rechte Erklärung zu geben. Zum Glück schrillte die Klingel. Estherlein sprang dienstfertig vom Stuhl, um zu öffnen. „Oh, Tante Luise!" rief sie ins Zimmer. Da stand auch schon der liebe Festbesuch unter der Tür mit einem weißgekleideten kleinen Mädchen an der Hand.

„Luise, du?" rief die Schwester, „du und — das Kind?" Und mit grenzenlosem Staunen blickte sie auf die Kleine, die ihr jetzt gehorsam verlegen das Händchen bot.

„Siehst du, Estherlein, jetzt habe ich auch ein kleines Mädchen. Ich habe es euch zum Spielen mitgebracht. Es wird ihm bei euch gewiß gefallen." Mit diesen Worten legte Tante Luise Kathrinchens derbe Hand zwischen Estherleins schlanke Fingerchen, und Estherlein sprang sogleich mit dem kleinen Gast in die Küche, um Frühstückstassen herbeizuholen.

Als die Kinder später draußen im Garten verschwunden waren, sahen die Schwestern sich an: „Du hast es also doch gewagt, Luise? Ich bewundere deinen Mut", rief Elsbeth.

„Aus Gehorsam, einfach aus Gehorsam", erwiderte die Angeredete. „Du kennst doch Tante Linas Wahlspruch?"

„Ach, Tante Lina! Was sie nicht alles von einem verlangen kann!" seufzte Elsbeth. „Und wie geht es mit dem Kind? Wie lange hast du sie schon?"

„Vier Wochen! Es geht nicht schlecht. Sie fügt sich besser ein, als ich dachte. Jedenfalls habe ich meinen Schritt noch nicht bereut. Nun, es wäre auch zu früh. Sie hat mehr Freude an allem Schönen, als ich erwartete. Nur natürlich mit der Ordnung!"

„In deinem so gepflegten Heim", warf die Schwester dazwischen.

„Na, vielleicht ist es gut, ich wäre sonst altjüngferisch peinlich geworden."

„Du hast sie wirklich nett herausstaffiert. Das Kleidchen ist entzückend. Nur halt das Gesicht!" — „Freilich, das Gesichtchen kann sich in vier Wochen nicht ändern. Das wird schon noch kommen. Und wenn auch nicht! Es können nicht alle Kinder sein wie Esther. Das Äußere ist nicht die Hauptsache."

„Da hast du recht, wenn sie nur folgsam und brav ist."

„Das ist sie. Nur — etwas verdrückt. Gar nicht frei und offen."

„Wundert dich das? Denk doch an die Vergangenheit des Kindes! Und denk, was es in seiner kleinen Seele schon durchgemacht hat an Not, Spott, Verachtung! Das läßt Spuren zurück, die nicht allzuschnell ausgelöscht werden können. Wenn es dir nur gelingt, sein Herz zu gewinnen, daß es dich liebhat. Das halte ich für das schwerste. Du weißt — ich habe da meine Erfahrung."

„Tante Lina sagt, man soll sich nicht zu sehr von anderer Leute Erfahrung belasten lassen. Jeder Mensch muß seine eigene machen. Und sie hat ja wohl auch die ihren gesammelt in ihrem Kinderheim. Übrigens hat sie mich ausdrücklich hergeschickt, um dich für heute nachmittag einzuladen. Sie scheint eine Ahnung gehabt zu haben, daß du allein bist."

Lange plauderten die Schwestern zusammen am Kaffeetisch, während draußen im Garten die drei fröhlichen Kleinen sprangen und jauchzten, bis die Glocken zum Gottesdienst riefen. Hernach wurde rasch Mittagsbrot eingenommen. Dann gab es eine fröhliche Fahrt ins Kinderheim „Felsennest" zu Tante Lina.

Heller Jubel empfing die Besucher, die durch den weiten Grasgarten von hinten her sich dem Haus näherten. Wenn irgendwo auf der Welt, so wurde hier der Muttertag gefeiert, gerade von den Kindern, denen ein grausames Geschick dazu das Recht zu rauben schien. Denn keines von ihnen empfand auch nur den kleinsten Verlust. Sie hatten an der prächtigen Dorothea Fels eine Mutter, deren Herz so weit und groß und warm war, daß alle 36, nein 38 jetzt, darin ein wohliges Plätzlein gefunden hatten. Und Großmütterlein, die Felsenmutter, wie einer der großen Jungen sie einmal genannt, sie wurde von all den Vögelein des „Felsennestes", genau so innig geliebt und verehrt wie die Mutter.

Eben saß sie mit einem Grüpplein mittleren Alters im Schatten eines Nußbaumes, der seine jungbraunen Blätter in der Maiensonne reckte, offenbar mitten in einer Erzählung. Um sie im Kreis, im Gras gelagert, lauschten die Kinder mit weit offenen Augen und Mäulchen. Die Kleineren, die noch nicht mitgenießen konnten, tummelten sich auf dem Rasen unter Aufsicht zweier „Tanten", jugendlicher Helferinnen, die eben die Händchen zu einem Reigen faßten. Unwillkürlich hemmten die Besucher den Schritt, um sich der lieblichen Bilder zu freuen. Die Mädchen, in hellfarbigen, durchaus nicht einförmigen, fröhlich bestickten Hängekleidchen, trugen alle Margeritenkränze im Haar. Die Buben hatten die Knopflöcher ihrer hellen Hemdchen, die in braunen Sporthosen steckten, ebenfalls mit Blumen geschmückt. „Besuch!" schrien jetzt einige und wollten sogleich aufspringen, um wohlerzogen die Händchen entgegenzustrecken. Aber Tante Lina schüttelte das Haupt in leiser Abwehr; denn sie wollte rasch ihre Geschichte zu Ende erzählen und gerade noch Heidi, die von ihrer Frankfurter Reise wieder heimgekehrt war, droben in ihres Großvaters Alphütte in das duftende Heubett stecken, damit sie endlich, endlich wieder ohne Heimweh wohlgeborgen einschlafen durfte. Nun verstopfte der gute Großvater noch sorglich die Luke, durch die der böse Mond eindringen und wecken könnte, und nun durfte man Heidi ruhig schlafen lassen, und also konnte sich Tante Lina ihren Gästen und einstigen Schülerinnen zuwenden.

„Die Heidi", lachte Elsbeth, „immer noch die alte Geschichte –"

„Die immer noch ihren Zweck erfüllt und alle Zuhörer in den Bann schlägt", ergänzte Tante Lina; „kennst du sie auch, Estherlein?" – Damit strich sie dem kleinen Mädchen über die goldenen Zöpfe und dem dicken Rudi über die Krauslöckchen und zog dann das Kathrinchen ganz fest an sich und küßte es auf die bänglich gefurchte Stirn. „Ihr kommt eben recht zum festlichen Sonntagskaffee und Kuchen", sagte sie. „Das wird fein. Seht, wir haben hier unter den Bäumen den Tisch gedeckt. Das ist ein Hauptspaß für die Kinder und ein Trost für alle, die mit Mütterlein heute gern in die Berge gewandert wären. Sie macht nämlich einen Ausflug mit den Großen, d. h. mit dem älteren Dutzend, zur Feier des Tages."

Es dauerte nicht lange, da saßen die beiden Schwestern mit den Kindern unter der zwitschernden Spatzenschar des Felsennestes um die blumengeschmückte Festtafel. Es herrschte heute ein besonders fröhlicher Ton; denn es war, als wüßte jedes Spätzlein, daß man sich heute, am frohen Muttertag, ein klein wenig mehr Gezwitscher und Gelächter und Gepiepse erlauben durfte, weil Tante Linas funkelnde Brillengläser heute weniger als sonst mahnten und zurechtwiesen. Man mußte auch nicht länger stillsitzen, als bis die hungrigen Schnäbelchen mit Festkuchen gefüllt waren, dann durfte man sogleich wieder aufstehen. Man durfte heute soviel fröhliche Dinge tun wie nie im ganzen Jahr; denn wirklich: Tante Linas Brillengläser waren heute fast ein wenig blind. Sie sahen nicht einmal die Schokoladestreifen auf den hellen Hemdchen und weißen Schürzchen, und die Grasflecken, die nicht zu vermeiden waren, wenn man sich um die Wette den Hügel hinunterrollte, störten sie auch nicht. Nein, Tante Lina saß gemütlich plaudernd mit ihren beiden Ehemaligen seitwärts auf der Bank unter der Tanne mit den langen, lichtgrünen Spitzen und hatte heute ein weiches, mildes Mutterlächeln für die Schar der Mutterlosen.

„Nicht wahr, Tante Lina, die Kinder machen euch eigentlich mehr Freude als Sorge?" meinte jetzt Elsbeth.

Tante Lina schien die Frage zu überhören. Ihr Blick folgte den Augen Luises, die Estherlein beobachtete, wie sie neben der kleinen Kathrine an einem Wettlauf teilnahm. „Nur nicht Vergleiche ziehen, Luise, das ist das Törichteste, was wir tun können", sagte sie jetzt leise und nachdrücklich, indem ihre Hand sich auf den Arm der Angeredeten legte. „Jeder Mensch ist ein Mensch für sich, und es kann nicht jedes so graziös und anziehend sein wie die kleine Esther. Es ist auch nicht gut für jedes. Wir mußten das schmerzlich einsehen lernen."

„Na", lächelte Elsbeth, „mit Schönheit scheinen ja diese Kinder nicht gerade verwöhnt. Bei manchen empfindet man fast den Kontrast, weil ihr sie so nett herausgeputzt habt: diese gewöhnlichen Gesichtszüge, die sich fast ähneln, diese Stumpfheit auf manchen Gesichtern, obwohl sie sicher heute besonders angeregt sind."

„Ja", erwiderte Tante Lina, „manche Gesichtlein tragen leider Spuren von den Sünden der Väter und Mütter. Aber Gott sei Dank: diese Spuren verwischen sich mehr und mehr mit den Jahren. Wir dürfen das feststellen bei unseren Großen – und Schönheit ist für solche Kinder eher eine Gefahr als ein Nutzen. Seht euch die eine der Helferinnen an, die eben den

Reigen leitet. Sie ist eine unserer Ersten und Ältesten, das Kind eines Filmstars, und ihre Schönheit und Grazie hat uns oft entzückt und uns vielleicht ihr gegenüber oft zu nachsichtig gemacht. Wir mußten darum mit ihr die schmerzlichste Erfahrung machen. Da sie Freude hatte, das Schneidern zu erlernen, schickten wir sie in die Stadt; aber die Familie, der wir sie anvertrauten, war nicht achtsam genug. Sie knüpfte ganz im Versteckten ein Verhältnis an. Der nette Bub, den sie an der Hand hält, ist ihr eigener. Diese Erfahrung war wohl die schlimmste, die wir machten in den 18 Jahren unserer Arbeit.

Und damit komme ich auf deine Frage, Elsbeth. Ja, die Kinder machen uns im allgemeinen mehr Freude als Sorge, besonders solange sie klein sind und wir sie ganz in der Hand haben. Denn bis jetzt haben wir noch nicht erlebt, daß ein Kind sich dauernd dem Einfluß und Geist des Hauses entzieht. Im Gegenteil. Kritisch aber wird es, wenn sie herauskommen ins Leben. Dann erst gehen die Nöte an. Da könnte ich euch die traurigsten Geschichten erzählen, von Leuten, die diese Kinder ausnützen, verachten, beiseitestoßen und ihnen rauben, was sie hier empfangen haben. Aber nein, ich will heute nicht anklagen. Ich will mich mit euch freuen der schönen Erfahrungen, die — Gott sei Dank — nicht fehlen. So haben wir zur Zeit einen Jungen im Gymnasium, ein Mädchen in der Ausbildung als Lehrerin, zwei in der Krankenpflege; eine, die uns als Kind besonders viel Not machte nach jeder Seite — sie ist das Kind einer Trinkerehe —, geht in ein Missionsheim ins Ausland. Das ist eine unserer größten Freuden. Dann sind verschiedene brav in einer Lehre. Ach, wenn ich noch jünger wäre, ich würde etwas unternehmen, irgendeinen Betrieb eröffnen, der unseren Kindern Brot geben könnte, vor allem denen, die nicht stark genug sind, um draußen in der Welt ihren Mann zu stehen, die aber tüchtige, brave Arbeiter würden, wenn sie mit der Heimat in Verbindung bleiben könnten."

„Tante Lina", meinte jetzt Elsbeth, „wenn ich all dies bedenke, dann bewundere ich euren Mut noch mehr. Wenn man doch gar nicht weiß, was bei all diesen Bemühungen herauskommt."

„Das ist nicht unsere Sache, Elsbeth", erwiderte Tante Lina, „du weißt es ja: unsere Sache ist nur der Gehorsam unserer Aufgabe gegenüber; aber schau jetzt dein Kathrinchen, Luise!"

Ja, da kam die kleine Kathrine den Gartenpfad herauf, an jeder Hand einen der kleinen Brüder. Den Jüngsten, der noch unsichere Schritte machte, geleitete sie sehr sorgsam, und das sonst so verschlossene Gesichtlein strahlte lauter schwesterlich mütterliche Güte. Das ganze Kind schien umgewandelt.

„Siehst du, was ihr fehlt?" wandte sich Tante Lina vielsagend an die neue Pflegemutter. „Darf ich dir nicht die Buben wenigstens von Zeit zu Zeit bringen?" Luise nickte schweigend.

Da kam Estherlein gesprungen und schlang ihr Ärmchen um ihre Mutter und flüsterte ihr etwas ins Ohr: „Nicht wahr, Mutti, du und Tante Luise, ihr seid doch Schwestern. Wenn jetzt Tante Luise ein kleines Mädchen hat, ist es dann nicht mein Schwesterlein?"

Die beiden Schwestern sahen sich an. Tante Lina aber zog das Kind an sich und antwortete an Stelle der Gefragten: „Du hast ganz recht, Estherlein, hab' du nur das Kathrinchen lieb wie dein Schwesterlein!" Da sprang das warmherzige Kind davon, Kathrinchen entgegen, um ihr die frohe Botschaft mitzuteilen.

Die sinkende Sonne malte goldene Kringel auf den Rasen, als Tante Lina ihre Gäste ans Tor geleitete. „Noch eins, Elsbeth", sprach sie, indem sich ihre hohe Gestalt niederbeugte, um die Abschiedsküsse des strahlenden Kleeblättleins entgegenzunehmen: „Erwarte nicht irgendein Zeichen der Dankbarkeit von deiner Großen, wenn sie heimkommt. Du könntest sonst schmerzlich enttäuscht sein. Rechne lieber damit, daß dieser Besuch des heranwachsenden Mädchens in der Familie seiner Mutter sie innerlich stark beschäftigen, ja vielleicht aus dem Gleichgewicht bringen wird. Versuche, das zu verstehen, und du wirst dadurch am schnellsten den Schlüssel finden zu ihrem Wesen."

Manchesmal in den kommenden Tagen dankte Elsbeth Tante Lina für dieses Wort, wenn ihr Annemaries unberechenbares Wesen auf der Seele lasten wollte. Denn es kamen Stunden, in denen die Stiefmutter ernsthafte Zweifel hegte in die Richtigkeit des gemachten Versuches. Die ersten Tage nach der Reise ging Annemarie umher wie im Traum. Man sah es deutlich: ihre Gedanken weilten in weiter Ferne. Waren sie um das verlassene Grab? Waren sie in der Familie, die sie so verwöhnt und so reich beschenkt hatte heimziehen lassen? Niemand wußte es. Schmerzlich war es auch für Frau Elsbeth, daß ihr Mann sich über den Besuch so gar nicht äußerte. Hatte das Grab in seinem Herzen alte Wunden aufgerissen? Jedenfalls war er weicher, nachgiebiger zu seiner Ältesten als in der vorigen Zeit.

Und nun kam sie wieder, die böse Prüfung. Sie riß wenigstens Annemarie aus ihren Träumen. Denn diesmal verlangte ihr Ehrgeiz den Erfolg. Sie durfte sich vor ihrer Familie, vor allem der „eigenen", nicht blamieren und gab sich darum besonders in den letzten Wochen recht Mühe. Ihrer Sache fast sicher, kehrte sie dann ziemlich siegesbewußt nach der Prüfung heim. Als aber — o Schreck — wider alles Erwarten auch diesmal ihr Name auf der Liste der Glücklichen fehlte, kannte ihre Verzweiflung keine Grenzen. „Es ist eine Gemeinheit — eine Ungerechtigkeit — es ist sicher nicht mit rechten Dingen zugegangen! Und um dreiviertel Punkte! — Das ist nur böser Wille der Lehrer", schrie sie in wilder Empörung. Dann schloß sie sich in ihr Zimmer ein.

Einige Tage nach dem bösen Mißerfolg wurde Mutter Elsbeth unfreiwilliger Zeuge eines Gesprächs zwischen Annemarie und ihrer Schulfreundin Christiane. Die jungen Mädchen saßen auf einer Gartenbank hinter einem Holderbusch und bemerkten es nicht, daß die Mutter auf der anderen Seite Bohnen pflückte.

„Du hättest eben dein Konzept mit der fertigen Aufgabe in Mathematik und das Blatt mit den Zeichnungen in Physik unbedingt abgeben müssen. Du weißt ja doch, daß man das darf", meinte Christiane.

„Ach, ich war wie vor den Kopf geschlagen, als ich merkte, daß ich mich zulange aufgehalten und nicht fertig werden würde."

„Voriges Jahr ist der Susanne Kehrt auch so was passiert, dann ging ihr Vater zur Vorsteherin, und dann klappte es doch."

„Ach, das tut mein Vater nicht. Der steht von vornherein immer auf der Seite der Lehrer. Es ist ja auch egal. Wenn er mich nur auf sein Büro kriegt, das ist ihm die Hauptsache, ob ich draufgehe oder nicht. Und mir ist auch alles gleich. Ja, wenn meine Mutter noch lebte – da wäre alles ganz anders!"

Frau Elsbeth hatte genug gehört. Und sie wollte die Fortsetzung des Gesprächs nicht hören und hustete geräuschvoll. Auf der Holunderbank wurde es plötzlich sehr still. Und als Annemarie später an der Mutter vorüber ihre Freundin zur Gartentür begleitete, trieb ein ernster Blick ihr unwillkürlich das Blut in die Stirn.

Frau Elsbeth aber ließ das Wort nicht mehr los: „Wenn meine Mutter noch lebte ..."

Es folgte ihr bei jeder Tagesbeschäftigung: in Küche, Keller, Schlafzimmer. Und in der Nacht stand es an ihrem Lager und wich nicht. Sie stritt heiß und hartnäckig mit ihm zwei Tage lang. Aber es überwand ihre Auflehnung, samt allen Argumenten ihres „guten Gewissens" und ließ sie nicht los, bis sie – mit den erwähnten Konzepten und Zeichnungen, die sie in Annemaries Schulmappe fand – mit Herzklopfen und Bangen wie eine zitternde Schülerin im Büro der Schulvorsteherin auf einem Sessel vor dem riesigen Schreibtisch der Dame saß, die mit leise in den Mundwinkeln aufsteigendem Spott sie anhörte.

„Ach ja", sprach die Gestrenge gnädig und bemühte sich, ihrer Stimme einen freundlichen Klang zu geben. „Der Mißerfolg der Kinder erscheint den Eltern immer unbegreiflich. Man sucht den Fehler überall, bei der Schule, den Lehrern – nur nicht da, wo er ist. Ungerechtigkeit? Unmöglich! der gute Ruf der Schule verbürgt es. Freilich, Sie sind nicht die erste Mutter, die blind ..."

„Stiefmutter", warf hier Frau Elsbeth unwillkürlich rasch und leise ein.

Und wirklich: der Redeschwall stoppte. „Wie,

bitte?" sagte die Dame, „Stiefmutter?" – und nun erst sah sie sich die Bittstellerin an, die, da sie selbst nicht den beklemmenden Weg durch das Nadelöhr moderner Schulprüfungen gegangen war, keine Ahnung hatte von der Unsinnigkeit ihres Unternehmens. Und dann streckte sich eine beringte Hand aus nach den Konzepten, die Frau Elsbeth aus ihrer Tasche gezogen hatte, und eine Stimme sprach in natürlichem, warmem Ton: „Da in ihrem Fall das Argument von der blinden Liebe nicht zutrifft, werde ich den Fall Ihrer – Stieftochter – nachprüfen. Sie erhalten Bescheid."

Elsbeth wußte nicht, wie ihr zumute war, als sie rasch und unversehens wieder auf der Straße stand. Sollte sie lachen, weinen? War einmal auch das Wort Stiefmutter ein „Sesam, öffne dich"? Nun, sie hatte Mut gefaßt, und der Besuch in der Mädchenschule verfehlte seine Wirkung nicht. Wie ein übermütiges, junges Ding summte sie vor sich hin: „Dieses war der erste Streich, doch der zweite folgt sogleich."

Der zweite führte sie in ein zweites Schulbüro. Wie hätte sie sich das je zugetraut? Diesmal stand sie vor einem Herrn, der ihr auf den ersten Blick mehr Vertrauen einflößte als die Dame. Es war der Direktor der Kunstgewerbeschule. Nachdem er die Zeichnungen geprüft hatte, die sie heimlich aus Annemaries Mappe entnommen, sprach er: „Ihre Tochter muß eine Aufnahmeprüfung in die untere Klasse der Schule machen. Die Anmeldungen dazu sind ja schon abgeschlossen. Da aber die Arbeiten wirkliche Begabung verraten, will ich ihren Namen nachträglich auf die Liste der Teilnehmer setzen. Sie können die entsprechenden Formulare mitnehmen. Die Prüfung findet am 15. September statt."

Erst als Elsbeth wieder nach Hause kam, erfuhr ihr Mann den eigentlichen Zweck ihrer „Geschäftsreise" in die Stadt. Über den ersten Besuch zuckte er die Achseln. „Nein", sagte er, „wie konntest du so etwas wagen? Das wird nicht viel nützen!"

Der eigenmächtige Eingriff aber in die Zukunft Annemaries ließ ihn hochgehen. Er war ein Mann, der sich selten aufregte, über die geliebte Frau schon gar nicht. Diesmal aber ging er mit langen Schritten im Zimmer auf und ab. „Was denkst du dir eigentlich?" brachte er endlich heraus. „Du weißt doch längst, wie ich das Mädel brauche!"

„Ist das ein Grund, sein Lebensglück zu zerstören?" entgegnete sie und sah ihm innig und unwiderstehlich in die Augen.

„Lebensglück, Lebensglück!" brauste er auf. „Das Lebensglück hängt doch längst nicht daran, mindestens nicht für eine Frau."

Aber Frau Elsbeth ließ nicht nach. Sie hielt dem langsam sich Beruhigenden einen Vortrag über Beruf und Lebensglück. Sie wiederholte die Argumente von Tante Lina. Sie zeigte ihm die Möglichkeit, sich eine zweite, bezahlte Bürokraft zu leisten, indem sie sich bereit erklärte, anstatt mit einem Mädchen mit einer Stundenhilfe im Haushalt auszukommen. Und als er im Hinweis auf ihre Überbürdung kräftig protestieren wollte, da offenbarte sie ihm schließlich den Aufschrei der Mädchenseele: „Wenn meine Mutter noch lebte!" und fügte hinzu: „Denke einmal nach darüber, was *sie* jetzt sagen würde an meiner Stelle!"

Da wurde der Mann still. Er unterbrach seinen Marsch, wandte sich zu seiner Frau und breitete ihr die Arme entgegen und zog sie fest an sich. „Du bist eine Gute, du!" sagte er und umfaßte das errötende

Antlitz mit beiden Händen. „Sie soll es aber wissen, die Annemarie, was du für sie tust."

„Bscht, bscht", flüsterte sie und legte ihm den Finger auf die Lippen. „Kein Wort! Das mit der Schule erfährt sie bloß, wenn etwas daraus erfolgt, und das mit der Prüfung, das schenken wir ihr zu ihrem Geburtstag."

Wenige Tage später saß die Familie Funk einträchtig nach dem Mittagstisch noch einige Minuten beim Kaffee zusammen. Es war der Zeitpunkt, da die eingelaufene Korrespondenz durchgesehen wurde. Da schob der Vater schmunzelnd einen blauen Umschlag zu Mutter hinüber. Sie las den Aufdruck, riß mit bebenden Fingern auf, und nachdem sie es überflogen hatte, schob sie ihm das dünne Blatt zurück. Es enthielt kurz und sachlich die Mitteilung, daß Annemaries Prüfungsarbeiten noch einmal nachgesehen worden waren und daß die Prüfungskommission sich bereit erklärt hatte, auf Grund der nachträglich eingebrachten Zeichnungen ihre Punktzahl soweit zu erhöhen, daß ihr das Diplom ausgehändigt werden konnte.

„Da siehst du, Annemarie, was deine Mutter fertigbringt", sprach Vater Funk, indem er der nichtsahnenden Tochter das Blatt über den Tisch reichte.

Annemarie las, las zweimal, dreimal, bis sie begriff. Dann sah sie nach der Mutter, die eben den Tisch abräumte.

„Du wirst ihr doch danken", mahnte der Vater. Ach, danken! Wie konnte der Vater ahnen, was in der Tochter vorging und sie wirklich fast sprachlos machte. Nein, die Mutter war nicht empfindlich. Sie begnügte sich mit dem ganz leisen, kurzen: „Danke,

Mutter!" das ihr Annemarie in der Küche am Spülstein über den Rücken ins Ohr sagte.

Sie war klug genug, darauf zu warten, daß der Dank sich in einer Wesensumstellung zeigen mußte.

Diese Änderung vollzog sich bei Annemarie sehr langsam. Selbstverständlich: sie wurde vergnügter, wurde auch freundlicher und gefälliger ihrer Mutter gegenüber. Unversehens begegneten sich manchmal beider Augen fragend, forschend, zaghaft antwortend. Die größte Umstellung zeigte sich aber bald in Annemaries Verhältnis zu ihren kleinen Geschwistern. Die dumme Eifersucht der großen Schwester auf die Kleinen, ein stiller Kummer für die Mutter, schien endgültig weggewischt, und was Annemarie ihr gegenüber nicht auszusprechen vermochte, das zeigte sie ihr durch den herzlichen Verkehrston mit den Kleinen, die bald wie die Kletten an der vergnügten großen Schwester hingen.

Der Geburtstag aber, an dem sie die Anmeldung zur Prüfung für die Kunstgewerbeschule aus der Botentasche des kleinen Rudi empfing, der sich vor einiger Zeit für den Briefträgerberuf entschieden hatte, warf sie aus dem Sattel. Die Arme um den Hals des erschreckten kleinen Burschen gelegt, schluchzte sie herzbrechend. „Was hat sie?" fragte Estherlein bekümmert und umschlang mit ihren Ärmchen alle beide. Als Annemarie sich gefaßt hatte, sah sie vom Vater zur Mutter. Und merkwürdig: sie irrte sich nicht. „O Mutter!" sagte sie, „o Mutter!" Mehr nicht. Aber diese beiden Worte genügten.

Und nun hatte auch Mutter Elsbeth Geburtstag, mitten im zweiten Rosenflor, und es wäre ein ganz wunderbarer Tag geworden, wenn der Schatten nicht gewesen wäre: Annemarie war nicht mit dabei. Gerade an diesem Tag machte sie einen Ausflug mit ihren Klassengenossen. Wie konnte Annemarie das tun? – Ach nein, diesmal war das Mädchen nicht schuld daran, diesmal war es die Mutter selbst. Als die Tochter nämlich erklärte, lieber daheim bleiben zu wollen, hatte sie energisch abgewehrt: „Was denkst du auch! Du wirst doch nicht wegen – diesem Tag dein Vergnügen opfern! Das leide ich nicht." Und Annemarie hatte die Mutter angesehen, und dann war sie hinausgegangen. Und seither war nicht mehr die Rede davon gewesen, daß sie nicht mitginge.

Am betrübtesten über die Abwesenheit Annemaries war wohl die kleine Esther. Von wegen einem Geheimnis, das sie mit der großen Schwester teilte und das Rudi zum Glück vergessen hatte. Eine Zeitlang hatte er mit lauter Stimme immer wieder ein Lied gesungen von einem „Bodograf", auf das aber niemand, auch Mama nicht, achthatte; denn Rudi sang gar viele Lieder im Lauf des Tages, und er besang alle Menschen, die seinen Weg kreuzten. Als aber Annemarie am Vorabend des Ausflugs ihren Rucksack gepackt hatte, tröstete sie die weinende Esther und verhandelte solange mit ihr, bis das Kind die große Schwester anlächelte und eifrig nickte.

Viele Menschen kamen an diesem Tag, um Mutter Glück zu wünschen. Auch Tante Luise mit ihrem Kathrinchen. Mit ihr zusammen las Elsbeth einen Brief von Tante Lina. „Geduld wünsche ich Dir", schrieb sie, „besonders mit Deiner Großen. Denn mit großen Kindern müssen wir große Geduld haben. Und die Liebe von 1. Korinther 13! Lies das Kapitel zu Deinem Geburtstag! Liebe, die nie und nimmer das Ihre sucht."

„Ach ja", seufzte Luise, „wenn man sich solche Liebe kaufen könnte! Denn wenn die natürliche Liebe fehlt, ist es keine Kleinigkeit. Es fällt mir mit Kathrinchen in letzter Zeit so schwer, seit ich schlimme Anlagen entdeckt habe. Sie hat ein Versteck, wo sie allerlei zusammenträgt, das sie auf irgendeine Weise erwischen kann: mehr oder weniger wertlosen Kram, aber doch heimlich entwendet. Und dann lügt sie."

„Armes Kind", meinte Elsbeth, „kannst du anderes von ihr erwarten? Offen wird sie erst werden, wenn sie alle Scheu vor dir verliert, weil sie deine Liebe spürt. Und ich weiß, wie schwer das ist. Ich merke es bei Annemarie. Immer wieder macht man etwas verkehrt. Ich bin fast überzeugt, sie wäre heute lieber daheim geblieben. Und nun habe ich selbst sie fortgeschickt."

„Vielleicht meinst du das auch nur. So ein Ausflug, auf den verzichtet man in ihrem Alter nicht leicht."

„Ich habe den deutlichen Eindruck. Sonst hätte sie wenigstens ein Grüßlein dagelassen."

„Nein, nicht einmal einen Geburtstagsgruß! Das ist wirklich nicht nett. Nach allem, was du in letzter Zeit für sie getan hast."

So saßen die Schwestern zusammen und besprachen ihre gegenseitigen Nöte und Schwierigkeiten. Und bei jedem ungelösten Problem sah geschwind ein feines Altfrauenantlitz, umrahmt von Silberhaar unter einem schwarzen Spitzentuch über ihre Schultern. Dann sprach wohl die eine zu der anderen: „Tante Lina würde sagen ... "

Die drei Kinder vergaßen über dem Tortenschmaus und den Puppenspielen — auch die hatten alle Geburtstag — die große Schwester. Estherlein aber ... sie war ein kluges kleines Mädchen, sie würde den

Auftrag, den sie bekommen, nicht vergessen und ganz recht ausführen.

Und nun war es Nacht geworden. Tante Luise war mit Kathrinchen längst abgereist. Estherlein und Rudi steckten in ihren Bettchen. Mama hatte ihnen zur Feier des Tages eine wunderbare Geschichte erzählt von einem Vogelfest im Rosenbusch. Dann war sie gegangen.

Nun stand Frau Elsbeth am Fenster ihres Schlafzimmers, sah zu den Sternen auf und wartete. Denn sie hatte Vater zur Bahn geschickt, um Annemarie abzuholen. Mechanisch fing sie an, die Bettdecken zusammenzufalten. Da, was war das? – Gerade auf ihrem Kopfkissen lag ein entzückendes Päckchen, in himmelblaues Seidenpapier gehüllt, von rosenbemaltem Band umschlungen. Zögernd, fragend, staunend, drehte das Geburtstagskind es in Händen. Von wem wohl? – Sie hatte das Schlafzimmer erst in Ordnung gebracht, als Annemarie längst abgereist war. Wer konnte eingedrungen sein?

Nun ließ sie sich wie ein junges Mädchen auf dem Bettrand nieder und löste langsam das entzückende Band. War es ein Album, das sie in Händen hielt? War es ein Zeichenheft? Sachte schlug sie die mit wundervollen Stiefmütterchen bemalte grüne Büttendecke auf. Da entfuhr ihr ein Ausruf des Entzückens. Ihre Kinder lachten sie an: Annemarie in der Mitte, Esther und Bubi an ihre Wangen geschmiegt, so strahlend, so glückselig einträchtig, so lebendig, wie nur ein ganz geschickter Fotograf sie auf der Platte hatte festhalten können. Ganz unwillkürlich traten Elsbeth Tränen in die Augen, als sie die Unterschrift las: „Dein Kleeblatt".

Hinter der Fotografie aber kamen nun Zeichenblätter, auf denen Annemaries kunstfertige Hand Szenen aus dem Leben der Kinder mit ein paar Strichen und lustigen Versen festgehalten hatte.

Da sah man Bubi, wie er bäuchlings auf dem Gartenweg mit einem Stäbchen eine Schnecke untersuchte, da war Estherlein bei der Puppenwäsche, da waren sie beide im Wettlauf mit Tante Luises Kathrinchen und dem voranstürmenden Katherlieschen, da war Bubi, als er dem Kaminfeger half — ach, so viel lustige, fröhliche Stunden hatte Annemaries Künstlerstift festgehalten, und Mutter Elsbeths Auge folgte mit hellem Lachen.

Zuletzt aber kamen ein paar Skizzen aus dem Leben der großen Tochter. Man sah sie an der Feder kauend im Prüfungssaal, man sah sie mit einem blauen Brief in der Hand.

Man sah auch zwei junge Mädchen auf einer Gartenbank unter einem Holderbusch und daneben ein Bohnenbeet. Alle Bohnen formten sich zu Ohrmuscheln. Darunter die Frage: „Haben Bohnen Ohren?"

Dann kam eine feine Federzeichnung: ein junges Mädchen pflanzt eine Rose auf ein Grab. Darunter stand:

Rosen wandern
gleich Kindern, von einer Mutterhand zur andern.
Die Liebe schlingt das Band,
vom ird'schen zum himmlischen Land.

Und nun auf der letzten Seite ein Kranz von lauter goldenen Stiefmütterchen mit ihren so edlen, ausdrucksvollen Gesichtlein. In der Mitte aber der Vers:

Stiefmütterchen mit den goldenen Herzen
tragen verborgen viel brennende Schmerzen.
O Mütterlein lieb, vergib ... vergib!

Ja, da saß das Stiefmütterlein Elsbeth auf der Bettkante, und ihre Augen ruhten auf dem allerfeinsten Geschenk des heutigen Tages, und sie hielt es mit ihren leise zitternden Händen von sich ab, damit die rinnenden Tränen es nicht befleckten. Sie bemerkte gar nicht, daß seit einigen Minuten jemand mit ihr über ihre Schultern einschaute. Erst als der Mann leise über ihre braunen Haarwellen strich, schaute sie auf. Dann schloß sie geschwind das kostbare Heft. „Emil", sagte sie jetzt, wie aus einem Traum erwachend flehentlich, „willst du mir noch eine Freude machen zum Abschluß des Tages, dann schick mir das Kind, die Annemarie. Und laß sie bei mir bleiben – die Nacht. Ich habe sie den ganzen Tag vermißt."

Ein wenig verblüfft sah Papa aus, als er brummte: „Gut, ich werde mich im Büro einquartieren."

Und dann kam zögernd, leise, ein junges, wandermüdes Kind die Treppe herauf. Oben aber umfingen sie die offenen Mutterarme. Und es gab noch ganz spät einen lustigen Bettenumzug, treppauf, treppab.

Ein Stündlein danach lag Annemarie im schönen elterlichen Schlafzimmer an ihrer Mutter Seite in den Kissen und schmiegte ihre Wange an der Mutter Hand. Sie mußte noch vom Geburtstag wissen und die Mutter vom Ausflug. Mehr und mehr brach der anfangs stockende Redestrom sich Bahn von einem Herzen zum anderen und spülte alle Hemmungen hinweg. Gedanken und Empfindungen, die das heranwachsende, junge Menschenkind herb in der Seele verschlossen, suchten in dieser verschwiegenen Nacht mütterliches Verstehen.

Elsbeth lauschte glückselig. Selten nur unterbrach sie mit einem warmen Wort, einer helfenden Frage. Ihr Herz sandte mit jedem Pulsschlag ein Dankgebet zu Gott empor. Ihr Auge aber tauchte aus weiter Ferne in das Auge der gottgesegneten Frau, die vor ihr stand, wie ein fruchtbeladener Baum im goldenen Herbst, weil ihr Kinder geboren wurden wie der Tau aus der Morgenröte. „Tante Lina, Dank dir!" flüsterten ihre Lippen.

Und leise plauderten die beiden miteinander. Dazwischen lachten sie einmal verstohlen. Es war genau so, als hätten zwei Freundinnen in Annemaries Alter sich nach langer Trennung wiedergefunden und könnten nun nicht aufhören mit Erzählen, bis mahnend der erste Hahnenschrei ertönte.

UM KRANZ UND SCHLEIER

Ein Zwiegespräch

„Hallo, Marlies, Buch zu! Halb zehn Uhr! Zeit, ins Bett zu gehen!“ Energisch rafft die Mutter den Strickstrumpf zusammen, erhebt sich, schiebt den Stuhl unter den Tisch und wartet, daß die Tochter der Aufforderung folge.

Da lösen sich zwei blaue Augen vom Buch. Es ist, als kehrten sie aus weiter Ferne zurück. Sinnend heben sie sich zur Mutter empor. „Mutter“, sagt Marlies leise – und es zuckt ein wenig verschämt um die herben Lippen –, „ich möchte dich etwas fragen.“

Die Mutter horcht auf. Wenn ihr verschlossenes Kind eine Frage tut, muß sie eine Antwort finden, auch in später Abendstunde, – ja vielleicht gerade aus der besinnlichen Abendstille heraus. So läßt sie sich noch einmal am Tisch nieder und schaut erwartungsvoll in das etwas abgewandte, nachdenkliche Antlitz gegenüber.

„Mutter“, sagt Marlies stockend – ach, es fällt ihr immer schwer, ihre Gedanken zu äußern –, „heute morgen war ich bei Nachbars Frieda.“

Die Mutter nickt bloß. Nur ja nicht unterbrechen!

„Sie hat mich hineingerufen, um mir ihren Brautstaat zu zeigen. Er lag auf dem Bett in ihrer Kammer ausgebreitet: ein wunderbares weißes Kleid, ein duftiger Schleier und eine richtige Brautkrone, wie man sie jetzt trägt.“

„Waas?“ – unterbricht die Mutter, mehr entsetzt als erstaunt. – Ein Lächeln gleitet über die ernsten Züge ihres jugendlichen Ebenbildes.

„So dumm wie du, Mutter, habe ich wohl auch geguckt. Dazu habe ich noch die gescheite Frage getan: ‚Ja, darfst du denn das tragen?‘ Aber die Frieda hat mich noch viel dümmer angeschaut. Vielleicht hat sie sich auch nur so gestellt. ‚Dürfen?‘ hat sie gesagt, ‚wer will mir das verbieten, wenn es jetzt auch auf dem Dorf Mode ist?‘ – In dem Augenblick ist ihre Mutter hereingekommen. Sie hat wahrscheinlich unser Gespräch gehört. An ihrem roten Kopf habe ich gemerkt, daß sie erbost war. ‚Was‘ – hat sie mich angeschrien, ‚was meinst du, Marlies? – Du meinst, unsere Frieda darf keinen Kranz und Schleier tragen? So dumm bist noch? Das hat dir wohl deine Mutter in den Kopf gesetzt. Die war immer so 'ne Besondere. Ich möchte wissen, wer das unserer Frieda verbieten will! Die Zeiten sind gottlob vorbei. Früher, ja, da hat man so allerhand blöde Unterschiede gemacht: So dumme Dinger wie unsereins, die mußten zwischen Tag und Licht ohne Kranz und ohne Glockenklang zur Nebenkirchtür hineinschlüpfen. Aber die Gescheiten, die ganz Schlauen, die wußten ... die ... die marschierten als Tugendengel bei Orgelton und Festgeläut zum Hauptportal hinein. – So ungerecht ging's damals zu. Die Wut packt mich noch heute, wenn ich daran denke! Aber das ist jetzt vorbei. Und darum soll unsere Frieda erst recht Kranz und Schleier haben. Denn ich möchte wissen, wer da die Nase hineinzustecken hat. Wen geht es etwas an, wann etwa ein Kind auf die Welt kommt? Das ist doch gleich. – Wenn nur früh genug geheiratet wird und nachher alles gut vorbeigeht.‘“

Marlies hält inne und schaut die Mutter an.

„Was hast du darauf gesagt?“ forscht diese.

„Nichts. Was sollte ich sagen? – Ich dachte, ich will es mir überlegen – und dann dich fragen."

Die Mutter lächelt. Sie erkennt sich selbst in der Tochter.

„Ja, und die Frieda hat noch gesagt: ‚Ich wollte dich als Brautjungfer bitten; aber wenn du solche Geschichten machst . . .' Ich hab' mich so rasch wie möglich aus dem Staub gemacht. Denn ich hab' gespürt, wie ich rot geworden bin, so . . . so . . ."

„So, als solltest du den Brautkranz tragen", neckt die Mutter.

„Da ist nichts zu lachen", entgegnet Marlies ernsthaft. „Die Sache beschäftigt mich den ganzen Tag. Ich möchte klar wissen, was recht und unrecht ist."

„Recht und Unrecht", wiederholt die Mutter mit Nachdruck, und sie hält dem forschenden Blick ihres Kindes stand, „Recht und Unrecht läßt sich auf diesem Gebiet nicht so schnell unterscheiden. Du weißt ja, daß es nach dem Wort Gottes ein Unrecht ist, außer oder vor der Ehe Leibesgemeinschaft zu pflegen."

„Du hast mir das einmal gesagt, Mutter. Aber" – Marlies zögert – „ich mache mir so meine Gedanken. Und ich lese ja auch die Bibel, in ihr ist doch nicht von der kirchlichen Trauung die Rede, wie wir sie heute haben. Sie brandmarkt doch nur außereheliche Verfehlungen. Wenn nun aber zwei ehrlich verlobt sind, spielt dann der Trauakt und der Tag eine so große Rolle? Hatte die Kirche früher recht, so streng zu sein? – Ist nicht der Schaden, durch irgendwelche Ungerechtigkeit Menschen zu erbosen, daß sie es in zwanzig Jahren nicht vergessen können, schlimmer als alles?"

„Mein liebes Kind", sagt die Mutter – und sie tut,

was sonst nicht ihre Gewohnheit ist, sie nimmt die junge, feste Hand der Tochter in ihre abgearbeitete schmale –, „das sind drei Fragen auf einmal. – Nun also, eine um die andere:

Ja, der Tag spielt eine große Rolle. Ich möchte, ich könnte dir das recht klarmachen. Aber du weißt, eine dumme Bäuerin wie deine Mutter . . ."

„Dumm?" – Aus Marliesens Augenwinkeln blitzt es schalkhaft zur Mutter hinüber, die mit gefurchter Stirn um den rechten Ausdruck ringt.

„Ja, Kind, wie soll ich dir das erklären? – Es ist etwas so Heiliges, so Unbegreifliches, daß Gott zwei Menschenkinder, die sich in Liebe verbinden, an seinem großen Schöpfungswerk teilnehmen läßt, indem Er sie befähigt, ja beauftragt, eine neue Generation ins Leben zu rufen. Kannst du nicht verstehen, daß schwache, sündige Menschen gerade zur Gründung einer neuen Familie Seinen besonderen Segen, eine rechte Weihe brauchen? . . . Begreifst du nicht, daß es ein Unrecht ist, und dazu Lüge und Betrug, über diese Ordnung einfach hinwegzugehen und nachträglich, so als wäre nichts geschehen, ohne Buße und Beugung, einen Bund einsegnen zu lassen, der bereits in Sünden begonnen ist? – Ja, mein Kind, es kommt auf den Tag an; denn der Hochzeitstag ist in vielen Fällen – gerade nach dieser Seite hin – entscheidend für die Ehe. Wo die Braut in dieser Stunde keine rechte Braut mehr ist, da fehlt der Ehe das Feinste, Unausgesprochene: der Schmelz, die gegenseitige Hochachtung. Wo vor der Trauung gottgesetzte Schranken übertreten werden, ist es oft auch weiterhin der Fall. Da könnte ich dir aus meiner Erfahrung manches erzählen; aber dann würde es Mitternacht. Wenn du das bedenkst, wirst du die Maßnahmen verstehen, durch welche die Kirche früher die Sünde auf diesem Gebiet brandmarkte."

„Wohl, Mutter, aber gibt es nicht gerade hier viel verborgene Sünde? – Hat nicht die Mutter von Frieda auch ein bißchen recht, wenn sie von den ‚Dummen' und von den ‚Gescheiten' spricht? – Wenn du gehört hättest, was manchmal in meiner Schule" – Marlies besuchte das Gymnasium im Nachbarstädtchen – „besprochen wurde . . ."

„Das glaube ich dir, Kind; die Menschen werden leider nicht besser. Schau, als ich in die Ehe trat, war ich nur wenige Jahre älter als du; aber ich hatte von all den Sündenmitteln keine Ahnung. – Schau, es schleichen viele Sünden im Verborgenen. Die Menschen werden immer versuchen, zu verheimlichen. Dennoch straft das Gesetz die offenkundigen Übertretungen um des Beispiels willen.

Marlies sann einen Augenblick nach. Dann meinte sie: „Aber Mutter – ist das mit Brautkleid und Schleier nicht doch ein wenig Modesache? Früher hat man das auf dem Land gar nicht getragen, oder?"

Nun steigt ein feuchter Glanz in Mutters Augen auf. „Freilich. Früher gab es auf dem Land nur ein Zeichen der Unschuld: den Brautkranz. Alles ging darum, ob man den tragen durfte oder nicht, – und so sollte es heute noch sein."

Es tritt eine Pause ein im Zwiegespräch. Zehnmal verbeugte sich mahnend der flügelschlagende Kukkuck in der geschnitzten Wanduhr. Aber Marlies schmeichelt: „Du, Mutter, du hast doch schon ein weißes Kleid und einen Schleier getragen? Nicht?"

Ein rosiger Schimmer verjüngt die herben Züge der Mutter. „Allerdings", sagte sie mit seltsam weicher Stimme, „das verdanke ich meiner älteren

Schwester, deiner Tante. Die ist mir in meiner Brautzeit viel gewesen. Sie hat mir manches feine Büchlein in die Hand gelegt. Und dann hat sie mir versprochen: ‚Schwesterlein, du sollst ein weißes Kleid und einen Schleier haben. Vorausgesetzt natürlich, daß du's in Ehren tragen kannst.' – Nun, das war in meiner Jugend und in unserer Familie selbstverständlich. Sie hat es dann tatsächlich zustande gebracht, unserer Mutter die Vorliebe für das schwarze Feierkleid abzuhandeln, indem sie ihr gar schön und gründlich Sinn und Bedeutung von Brautkleid und Schleier erklärt hat. Denn siehst du, Marlies, das soll keine Modesache sein, sondern ein tiefes Sinnbild für die Reinheit der Braut: der Schleier das Symbol für die unberührte Schamhaftigkeit; der Myrtenkranz für die ungebrochene jungfräuliche Mädchenblüte.

Ich denke mir, daß gerade, weil der Brautstand so manche Versuchungen birgt, solche Sinnbilder das Ideal der Brautleute hochhalten sollen. Darum empfand man es als Schande, wenn an einer Hochzeit das Kränzlein fehlte. Aber doch hätte man es in meiner Jugend nicht gewagt, sich bei offenkundigen Verfehlungen über diese sinnvollen Gebräuche hinwegzusetzen."

„Du warst sicher stolz, Mutter, in deinem ganzen Brautstaat", lächelt nun Marlies; *„doch* so 'ne Besondere, wie die Nachbarin sagt. Erzähl mir noch ein wenig von deiner Hochzeit!"

Mit einem Blick auf den Kuckuck wehrt die Mutter ab. „Morgen auf dem Kartoffelacker", entgegnet sie lachend. Aber Marlies spinnt ihren Faden weiter:

„Auf dem Tanzboden seid ihr auch nicht gewesen?"

„Wie du doch alles weißt! Nun ja: Auch daran war die Tante schuld. Sie hat ganz einfach deinem

Vater und mir gesagt: ‚Ich komme nicht zur Hochzeit, wenn ihr diese Unsitte mitmacht. Denn nach meiner Auffassung hat eine christliche Hochzeit dort nichts zu suchen.' Und sie hat es sich in die Hand versprechen lassen. Aber ich kann dir sagen: es war ein Kampf. Denn es will etwas heißen, gegen die ungeschriebenen und doch eisernen Gesetze der Dorfsitte anzugehen. Hätten wir uns nicht hinter den Sofatisch gerettet und mit der Tante ein Lied ums andere angestimmt, ich glaube, sie hätten uns mit Gewalt in den Tanzsaal geschleppt, als die Stunde dafür kam."

„Seid ihr nicht am Abend noch einmal in der Kirche gewesen?"

„Sieh mal an, das weißt du auch? Man meint fast, du seiest dabeigewesen."

„Tante hat's uns erzählt", lächelt die Tochter.

„Dann mußt du auch nicht fragen! Aber wenn wir doch einmal dran sind . . . ja, wir sind am Abend nochmals in der Kirche gewesen. Ein lieber alter Missionar, der mit den Eltern befreundet war, kam ‚zufällig', wie man so sagt, und ahnungslos in die Hochzeitsgesellschaft hereingeschneit. Er wollte am Abend Lichtbilder in der Kirche zeigen. Und ich sah nicht ein, warum mir das an meinem Hochzeitstag entgehen sollte. So gingen wir hin – und fast die ganze Hochzeitsgesellschaft mit. Und so fand unsere Hochzeit ihren Abschluß nicht in der Wirtschaft, sondern da, wo sie ihren Anfang genommen hatte: in der Kirche. Ich habe das immer als besondere Auszeichnung empfunden. Der liebe alte Freund hat in der Kirche noch einmal herzlich für das anwesende Brautpaar gebetet. Das war der Abschluß unseres Hochzeitstages. Und wie unser Hochzeitstag vom

Morgen bis zum Abend ohne Schatten blieb, so war unsere Ehe, bis ich ... sein Hochzeitssträußchen ... an sein weißes Totenhemd heftete ..."

In der alten Bauernstube ist es still, ganz still geworden zwischen den beiden Menschen, deren Gedanken das Heiligtum der Vergangenheit betreten hatten. Wieder einmal springt der Kuckuck aus seinem Häuschen. Da legt sich die Hand der Tochter zart auf die der Mutter.

„Mutter", sagt sie, „noch was."

Die Mutter sieht auf. Langsam kehren ihre Gedanken in die Gegenwart zurück.

„Mutter, was du vorhin sagtest von der Bedeutung von Kranz und Schleier, ist das nicht einerseits der menschlich ideale und andererseits der gesetzliche Standpunkt? Was meinst du, was Jesus dazu sagen würde? Du weißt, das möchte ich mich immer fragen, seit Er in mein Leben getreten ist. Ich denke an die Bergpredigt: ‚Ich aber sage euch . . .' und an Sein Verhalten der großen Sünderin gegenüber ... Und wenn ich einen Blick in mein Herz tue, von dem Er gesagt hat: ‚Es kommen arge Gedanken usw.' — glaubst du, vor Seinem Blick könnte eine Braut in ihrem Schmuck bestehen? Heißt es vor Ihm nicht: Es ist hier kein Unterschied? ..."

Die Worte der jungen Tochter verhallen in dem stillen Raum. Die Mutter nimmt sich Zeit, nachzudenken. Ja, das Kind nimmt's gründlich. Nicht nur, weil es ihrer Veranlagung entspricht, sondern vor allem, weil sie vor einem Jahr auf einem Jugendlager Entscheidendes erlebt hatte. Der Geist Gottes hatte sie erfaßt. Christus war ihr begegnet. Sie hatte — bei einem nach außen tadellosen Leben — den sündigen Zustand ihres Herzens erkannt, Buße getan und ihr junges Leben in Ordnung gebracht. So war sie zu einem persönlichen, lebendigen Glauben erwacht, und es war selbstverständlich, daß diese neue Einstellung ihr Leben und Denken bestimmte.

Und nun erwartet sie auch in diesem Punkt eine Antwort von ihrer Mutter. Diese hat – gerade durch das Erleben der Tochter – in vielen Dingen umgelernt, besonders in bezug auf ihr manchmal etwas gesetzliches Christentum. Auch ihr Glaubensleben hat eine Vertiefung erfahren. So sagt sie schlicht:

„Ja, Kind, du hast ganz recht. Wer wollte es wagen, vor den Flammenaugen unseres Herrn von der Fleckenlosigkeit irgendeines irdischen Gewandes zu sprechen? Ist nicht all unsere Gerechtigkeit vor Ihm wie ein beflecktes Gewand? Du hast sehr recht, wenn du das empfindest. Das soll uns allen falschen Stolz herunterreißen und uns bewahren vor allem Richtgeist, unseren mit nicht soviel Erkenntnis begabten Schwestern gegenüber, die noch nicht wissen, was Sünde ist. Aber schau, das braucht uns nicht notwendigerweise dahin zu führen, die menschlichen Sittengesetze des feinen Anstandes zu mißachten."

„Aber, Mutter, können wir von Menschen, welche diese Erkenntnis nicht haben, verlangen, daß sie sich darunter beugen? Schau, wenn ich an Frieda denke, können wir sie verantwortlich machen dafür, daß es mit ihr so gekommen ist? Bedenke doch ihre Mutter! Es ist gewiß nicht das erstemal, daß sie so redet wie heute. Und ihre ganze Erziehung und Veranlagung! Und kein Mensch spricht mit ihr ein verständiges Wort über diese Dinge. Wieviel besser habe ich es doch gehabt" – ein dankbarer Blick streift die Mutter –, „du kannst einem doch sagen, was recht ist. Dann die feinen Bücher von Tante. Da ist es nicht mein Verdienst, wenn ich vor manchem bewahrt geblieben bin. Die arme Frieda, was kann sie dafür?"

„Gewiß, Marlies. Es ist nur eine Gnade, wenn man in anderen Verhältnissen aufwachsen darf, und Frieda kann einem herzlich leid tun. Aber so ganz frei von Schuld kann man sie doch nicht sprechen. Denn auch sie hat ein Gewissen und empfindet im tiefsten Grunde wohl, daß sie nicht recht gehandelt hat."

„So denkst du, daß ich es nicht annehmen soll, wenn sie mich doch als Brautjungfer bittet?"

„Ich möchte es nicht. Da dürfen wir unseren Standpunkt nicht verleugnen. Ja, wenn ein Fünklein von Buße und Beugung da wäre! Wenn sie im schlichten Kleid und ohne Kränzlein käme, dann würde ich sagen: Bezeuge ihr ruhig nachbarliche Freundschaft. Aber so . . ."

„Wird sie das nicht als Hochmut empfinden, Mutter, so, als wollte man über sie zu Gericht sitzen? – Könntest du nicht einmal mit ihr reden, vielleicht, wenn du sie im Garten siehst? Sie kam ja als Kind gern herüber, um sich Geschichten erzählen zu lassen!"

„Ich will sehen, was sich tun läßt. – Ach Kind, da klagt uns vieles an. Wir haben uns wirklich zu wenig um sie gekümmert und manche Gelegenheit verpaßt. Das ist unser Anteil an ihrer Schuld. Darüber haben *wir* Buße zu tun."

Ernst sehen sich Mutter und Tochter in die Augen. – „Nun wollen wir noch unsere Abendlese halten", sagt die Mutter und nimmt ihre Traubibel vom Wandbord. Die Tochter holt die ihre aus ihrem Stübchen. Es ist gerade ein Stück der Bergpredigt, das mit den Worten beginnt: „Richtet nicht, auf daß ihr nicht gerichtet werdet . . ." Reihum lesen sie den Anfang des Kapitels. „Da haben wir noch viel zu lernen", meint die Mutter schlicht. Dann faltet sie die Hände und bringt in knappen Worten vor den Gnadenthron, was gerade ihr Herz bewegt: Dank, Buße, Beugung, Bitte; für sich, ihr Kind und auch für die Nachbarschaft. Marlies fügt das Gebet des Psalmisten bei: „Schaffe in mir, Gott, ein reines Herz."

Dann erhebt sie sich und tritt hinter der Mutter Stuhl. Die hat in der Bibel zurückgeschlagen zum 73. Psalm. Er enthält ihren Konfirmationsspruch und nachmaligen Trautext: „Dennoch bleibe ich stets an Dir . . ." Zwischen den Seiten aber liegt ein weißer Briefumschlag. Die Mutter öffnet ihn und entnimmt ihm — ein Myrtenzweiglein, auf ein Stück vergilbter weißer Seide geheftet. „Ein Zweiglein von Vaters Strauß", sagt sie leise, und sie legt es in die Mädchenhand, die sich neben der ihren öffnet. Nach einigen Augenblicken beredten Schweigens fügt sie hinzu: „Kranz und Schleier sind noch ganz. Du darfst sie morgen sehen." — Bewegt schaut Marlies auf die so schlichten und doch so teuern Erinnerungszeichen nieder. Dann legt sie beides in der Mutter Hand zurück, schlingt ihre Arme als lebendigen Kranz um das gebeugte Mutterhaupt, drückt einen scheuen Kuß auf ihren Nacken und flüstert: „Ich danke dir, daß du so 'ne Besondere bist" . . . und ist in ihrem Stübchen verschwunden.

Feuchten Auges schaut ihr die Mutter nach. Noch einmal falten sich ihre Hände über Bibel und Blütenzweig in wortlosem Flehen um die Zukunft des Kindes, das ihr Herzenstrost ist.

Sie legt das Zweiglein zurück an den Ort, wo es nun schon zwanzig Jahre ruhte. Dann sucht sie wehmütig bewegt und dennoch dankbar freudig ihre Witwenkammer neben dem Mädchenstübchen auf.

EIN UNERHÖRTES GEBET

An der hohen Kirchenmauer von Obertenn stoppte in vorgerückter Herbstabendstunde ein kleiner Wagen, dem schweigend zwei Gestalten entstiegen. Das junge Mädchen im dunklen Regenmantel hastete die steile Kirchentreppe hinauf. Ihrem eilenden Fuß war jeder Tritt, jede ausgewaschene Höhlung vertraut. Bedächtiger tastete ihr hochgewachsener Begleiter sich ihr nach. „Verrücktheit!" murmelte er zwischen den Zähnen.

Jetzt stockte der Fuß des Mädchens auf dem weiten Kirchplatz, auf den eben der Mond, vor dem der Herbstwind die Wolkenschleier zerriß, ein paar kräftige Lichtbündel warf. Ihr Blick glitt über das geliebte Heimatdorf, dessen da und dort noch erleuchtete Häuser sich im Kreis um die Kirche scharten wie die Küchlein unter die schützenden Flügel der Henne, und über die nachtdunkeln, tannenbewaldeten Höhen ringsum, die Obertenn von der Welt abgeschlossen. Ihr einst so geliebtes Obertenn! Aber nein, nur keinen Aufenthalt. An der Kirchtür vorüber – nein, nein, keine Erinnerungen jetzt – eilte der Fuß weiter. Da war die Pforte in der Mauer, die am Kirchhof entlang über den Plattensteg aufwärtsführte zu einem Querweg, einer Treppe. Oben an dieser Treppe stand sie jetzt aufatmend vor dem weißlackierten Türchen eines Zauns, der ein größeres, neues Haus umfriedete.

Sie musterte die Reihe der Fenster, von denen nur eines erleuchtet war, und drückte dann auf den Klingelknopf. Nichts regte sich. „Sofie hat Licht", wandte sie sich jetzt an den hinter ihr aufsteigenden jungen Mann. „Aber sie ist halb taub. Sie hört nicht. Und Mutter? –" Sie klingelte wieder und länger mit steigender Heftigkeit und Ungeduld. Alles blieb still.

„Edith", brummte jetzt der junge Mann, „ich sagte dir gleich: diese Fahrt ist Unsinn. Ich wollte, ich hätte dir nicht nachgegeben."

„Schweig doch, Ernst", flehte das Mädchen, und ihre Stimme bebte, „hilf mir lieber über den Zaun klettern. Ich muß sehen, was los ist, ob Mutter daheim ist. Ich muß mindestens mit Sofie reden. Ganz sicher findet sich ein Einschlupf."

„Edith", sagte der junge Mann, „bis dahin habe ich dir den Willen getan; aber jetzt hört's auf! Du siehst, es soll nicht sein. Wir kehren um." Aber schon hatte Edith sich selbst mit kühnem Schwung an einer Latte des Zaunes hochgezogen, und er konnte nur eben ihrem linken Fuß etwas nachhelfen; dann stand sie im Hof, eilte auf das Haus zu, probierte ortskundig ein Fenster ums andere, drückte eine nur angelehnte Scheibe auf, holte einen Haublock aus einem Nebengebäude, schwang sich empor und verschwand im Inneren des Hauses, das Vetter Ernst, der nicht Lust hatte, ihr nachzukommen, sich nun mit Interesse, so gut es die immer wieder über den Mond gleitenden Wolkenschatten erlaubten, aus der Ferne besah. „Das also ist das neuerbaute Gemeindehaus von Obertenn! Ein guter Gedanke, das Pfarrhaus so umzugestalten, wenn schon das Dorf keinen Pfarrer mehr bekommt. Bei dieser herrlichen Lage am Waldrand mag es für Freizeiten und Jugendlager gerade geeignet sein. Und Ediths Mutter, „die letzte Pfarrfrau von Obertenn", wie er so gern seine Tante neckte, war gerade die geschaffene Leiterin. Aber nein – diese dumme Geschichte mit Edith! Hätte er doch nicht zugesagt, ihr als Trauzeuge zu dienen, wo er doch wußte ... Aber Edith hatte immer gehofft, die Mutter noch umzustimmen. Gehofft bis zum letzten, zum heutigen Abend. Und das war der Grund der Nachtfahrt. Schöner Polterabend. Denn morgen sollte Ediths Hochzeit stattfinden – in der katholischen Laurentiuskirche der Kreisstadt – die Hochzeit der einzigen Tochter des letzten evangelischen Pfarrers von Obertenn, der auf dem Friedhof drunten ruhte. –

Da öffnete sich die Haustür drüben, um sogleich wieder hinter dem Mädchen leise einzuschnappen. Von innen schloß jetzt Edith auch das Holzpförtchen auf und hinter sich wieder zu und warf den kleinen Schlüssel übers Gitter in den Hof. Dann traten die beiden schweigend den Rückweg an. An der Friedhofsmauer aber, einer alten Festungsmauer mit Türmchen, blieb Edith vor einer Luke stehn. Nein, den Friedhof betreten bei Nacht, das brachte sie nicht über sich. Aber Vaters Grab lag so weithin sichtbar. So hell hob sich in diesem Augenblick das weiße Marmorkreuz von den dunklen Zypressen ab. „Vater", schluchzte das Mädchen plötzlich auf, „o Vater", und sie barg den Kopf auf der kalten Mauer, und nun schüttelte ein Tränenstrom die ganze leichte Gestalt.

Ratlos stand der lange Student neben ihr. Nein, diese Mädchen! Was sollte er tun? Gab es noch ein Zurück? „Hör jetzt auf, Edith", sagte er schließlich. „Das hat doch keinen Wert! Du machst dich höchstens krank." Er faßte sie am Arm, zog sie über den Kirchplatz vorsichtig die hohe Treppe hinunter – hier konnte einer leicht Hals und Bein brechen – und war froh, als er sie glücklich wieder im Wagen verstaut hatte. Daß in diesem Augenblick an der Wirtschaft zum Rößle gegenüber ein Fenster aufging und einen sehr hellen Schein auf die Straße warf, konnte er nicht hindern.

Schon wand sich der Wagen wieder durch die enge Dorfgasse. Als er in die Landstraße einbog, atmete Ernst auf. Auch Edith hob den Kopf und wischte energisch mit dem Handrücken über die Augen. „Hast du deine Mutter . . .?" forschte vorsichtig der Fahrer.

„Sie ist heute früh verreist und hat Sofie mit Großchen allein gelassen. Großchen schlief schon. Ich war in ihrem Zimmer; aber wecken wollte ich sie nicht. Was soll ich ihr das Herz schwermachen?"

„Aber weiß denn deine Mutter gar nicht . . .?"

„Nein, sie weiß es nicht, wann unsere Trauung ist. Sie wollte es nicht wissen. Als ich sie zuletzt sprach vor einem Monat, da sagte sie, wenn ich mich nicht anders besänne, solle ich es ihr ersparen. Und ich wollte es auch – bis heute. Und nun – man meint, sie hätte es geahnt – nun ist sie heute früh für einige Tage verreist. Und ein Zurück gibt es jetzt nicht mehr. Das siehst du ein. Na, wenn auch! Nur – daß ich nicht mehr heimkommen darf – daß sie *so* stur ist! Vater wäre sicher nicht so gewesen. Wir hatten immer ein gutes Verhältnis zu den Katholiken in der Gemeinde." – Sie schwiegen eine Weile, und der kleine Wagen schoß wie ein dunkler Pfeil über das mondhelle Band der Straße.

Dann hob der Student wieder an: „Weißt du, Edith, ich bin doch nicht sicher, ob dein Vater einen anderen Standpunkt eingenommen hätte als deine Mutter. Ich erinnere mich gar wohl, daß er sich mit aller Gewalt gegen eine Mischehe in der Familie einsetzte, obwohl ich damals noch ein Junge war. Ich habe sehr nachgedacht, seit die Geschichte mit dir sich so tragisch zuspitzte, und habe mir so gesagt: man kann auf der einen Seite dem nachgehen, was unsere Konfessionen gemeinsam haben, und das zu fördern suchen. Man kann auch den einzelnen Katholiken sehr schätzen, so wie dein Vater seinen ‚Stiefbruder im Amt', wie wir immer neckten, oder so wie ich deinen Norbert; aber man kann dabei doch sehr gegen das System dieser Machtkirche sein, das sich mit der evangelischen Freiheit schlecht verträgt, und auch gegen die Irrlehren, die sie immer noch verbreitet und die mit der Bibel, auch wenn man sie nur oberflächlich kennt, wie ich zum Beispiel, nicht übereinstimmen."

„Norbert sieht auch die Schäden seiner Kirche und kennt ihre Irrtümer."

„Eben deswegen läßt sich fast nicht begreifen, daß er, der soviel für die evangelische Auffassung übrig hat, von dir diesen Schritt verlangt. Nimm mir's nicht übel, Edith; aber ich habe den Eindruck, da hast *du* versagt."

„Ach, Ernst, du hast gut reden. Schon einmal hätte ich mich verheiraten können, einen katholischen Musiklehrer, und habe aus Gehorsam verzichtet. Und nun kommt der zweite, ein Arzt, der auf eine simple Krankenpflegerin, die nicht mehr ganz jung ist, ein Auge wirft. Glaubst du, ich sollte mich besinnen, Bedingungen stellen? — Noch einmal auf Familienglück verzichten? Hand aufs Herz, gibt es so leicht noch einen jungen Mann wie Norbert?"

„Alles gut und recht! Aber wenn du dich gewehrt hättest! Er hätte doch verstehen müssen: du, die evangelische Pfarrerstochter!"

„Das habe ich ihm überhaupt lange nicht gesagt. Ich hatte zu sehr Angst, ihn zu verlieren. Es sind ihm genug über den Weg gelaufen. Erst, als von der Trauung die Rede war und er betonte, daß bei allem Verständnis und allem Interesse für die evangelische Auffassung, er doch als Hausvater sich nicht entschließen könne, mit seiner angestammten Kirche und seiner Familie zu brechen, kam es heraus. Und es war ihm peinlich."

„Hat er nicht mit deiner Mutter gesprochen?"

„Freilich, drei Stunden lang! Ein sehr interessantes Gespräch, wie er sagte. Und bisher sei ihm kein evangelischer Christ begegnet, dessen starke Überzeugung ihm so viel Hochachtung eingeflößt habe. Er habe sich gewundert über ihre Toleranz dem einzelnen gegenüber und über ihre kategorische Ablehnung des Systems. Und er hat mir selbst nahegelegt, doch zu überlegen. Ich habe es auch getan und mich vor die Entscheidung gestellt: meine Mutter oder Norbert. Und sieh, ich kann ihn einfach nicht lassen. Es heißt doch auch in der Bibel ..."

„Sei mir still mit der Bibel, Bäschen! Ich erinnere mich an eine Zeit, wo dein Glaube mir imponierte. Weißt du noch damals, als du von einer Bibelschule kamst, von einer ‚Berufung in den Dienst' sprachst? Ist das alles zu Essig geworden?"

„Ach, Ernst", Edith brach in Tränen aus, „hör auf! Du weißt nicht, was Liebe ist, sonst würdest du nicht so reden. Du solltest Mitleid mit mir haben, daß morgen meine Hochzeit ist und meine Mutter aus Engstirnigkeit nicht dazu kommt und ihre einzige Tochter verstößt."

„Mitleid, Mitleid ... ich ärgere mich, daß ich in diese Geschichte hineingezogen bin und auch noch unterschreiben muß. Und Engstirnigkeit? Wenn man in direkter Linie von Hugenotten abstammt, kann man es da von ihr verlangen? Zudem fühlt sie sich verantwortlich für ganz Obertenn. Was meinst du, was du für Gesprächsstoff lieferst! Und ich kann verstehen, daß sie um das Beispiel fürchtet."

„Ach was, Obertenn, Obertenn! Man meint, es sei das Zentrum der Weltgeschichte. Ich bin mit Obertenn nicht verheiratet. Willst du dich auf Schritt und Tritt um die Meinung der Leute kümmern? Dann trägst du bald den Esel auf dem Rücken anstatt der Esel dich."

„Esel? Ein Esel bin ich gewesen, sonst hätte ich dir beizeiten stärker abgeraten; denn jetzt sitzen wir in der Tinte. Aber das kann ich dir sagen: so werde ich einmal nicht heiraten. Wenn mir ein Mädel begegnet, das mir gefällt, dann soll meine erste Frage sein: Mein Fräulein, bitte schön: evangelisch?" Bei diesen Worten hielt der kleine Wagen vor dem Kreiskrankenhaus. Edith wischte sich über die Augen, reichte mit flüchtigem Dank ihrem Vetter die Hand und näherte sich dann der Loge des Nachtpförtners. –

Am nächsten Tag, dem 20. September, der am Morgen trübe heraufzog und zuletzt in einen lichten Abend ausklang, legte in der prunkvollen Laurentiuskirche ein Priester unter Gemurmel fremder Worte in Begleitung unbekannter Orgeltöne die Hand Edith Krügers, der Tochter des letzten evangelischen Pfarrers von Obertenn, in die Hand des jungen Arztes Norbert Weller. Wenige Familienglieder des jungen Mannes wohnten der Feier bei. Die Braut stand einsam und verlassen. Nur ihr Vetter, der lange, hellblonde Student, zugleich mit dem Bräutigam befreundet, setzte stirnrunzelnd seinen Namen als einziger Vertreter ihrer Familie unter den Akt, der Ediths Zukunft von der Zukunft ihrer Familie trennte. War er bis jetzt unerfahren gewesen, so wußte er nun, was dieser Akt für das kommende

Geschlecht Weller bedeutete. „Wie gut, daß Tante Amelie das nicht miterlebt hat!" Das war sein Gedanke. –

Zu gleicher Stunde weilte diese Tante, die Mutter der Braut, in weiter Ferne. Sie lag lang ausgestreckt auf einem Ruhebett am offenen Fenster eines Schwarzwaldhauses. Ihr Blick folgte den sich türmenden Herbstwolken über den Berghängen. Das Buch, in dem sie las, entglitt ihrer Hand. Da klopfte es, und die Besitzerin des Heimes, ihre Freundin, Schwester Martha, trat mit dem Teebrett ein, auf dem sie allerlei Süßigkeiten verlockend aufgebaut hatte.

„So, nun dürfen wir uns ein gemütliches Teestündchen leisten", sagte sie, indem sie ein Tischchen heranzog und die Tassen ordnete. „Was, schon wieder Tränen! Aber Amelie! So darf das nicht weitergehen! Du ruinierst deine Gesundheit und änderst damit gar nichts."

Mit diesen Worten umfaßte sie freundlich energisch die Freundin, zog sie empor und nötigte ihr Tee und Brötchen auf. Dann ordnete sie mit kundiger Hand die Kissen und ließ Amelie wieder sich ausstrecken. Aber sie behielt die zerarbeitete Hand in der ihren.

„Nun, weißt du also weder Zeit noch Ort", sagte sie.

„Nein", rief die Angeredete leidenschaftlich. „Ich konnte es nicht ertragen. Oder denkst du, es war Unrecht? Hätte ich der Trauung doch beiwohnen sollen?"

„Nein, das denke ich nicht. Aber nun darfst du dich auch nicht zermartern und mußt versuchen, mit der Sache fertigzuwerden."

„Ich kann doch nicht glauben, daß es nach Gottes Willen geschehen ist."

„Das wohl nicht, wenigstens nicht von Edith aus. Aber ob du nicht annehmen darfst, daß über dir und deinem Kind dennoch Sein guter und gnädiger Wille steht? Und daß diese Prüfung für dich ihren Zweck hat?"

„Einen Zweck? – Der Teufel verfolgt seinen Zweck damit, nämlich der Arbeit des Heimgegangenen und meiner Arbeit in Obertenn den Todesstoß zu versetzen."

„Ich verstehe schon, und du hast recht: der Teufel hat böse Ziele. Aber den Endsieg darf er dennoch nicht davontragen. Das wollen wir im Glauben festhalten. Und er verliert am schnellsten, wenn wir uns unter solche Schläge beugen und unser eigenes Versagen entdecken."

„Das eigene Versagen! Ja, dem bin ich auf der Spur. Ich habe mir von Gott in den letzten Tagen manches zeigen lassen. Zuerst einmal: wir haben das Kind, die Edith, seit die beiden Jungen gefallen sind, zu sehr verwöhnt, ihr zu sehr den eigenen Willen gelassen. Sie wollte studieren, Philologie, Musik. Wir ließen es zu. Dann kam ein inneres Erleben bei einer Jugenderweckung. Sie sprach vom Ruf in den Dienst Jesu. Und anstatt, daß wir sie sogleich in ein Diakonissenhaus eintreten ließen, wie sie es wünschte, – rieten wir zur freien Krankenpflege. Wir wollten sie nicht so ganz hergeben. Dann, während sie durch innere Krisen ging, starb ihr Vater, und ich hing meinem Schmerz so nach, daß ich ihr nicht recht beistand und sie sich mir entfremdete. Dann kam ein erstes Liebeserleben, das ich eben um der Konfession willen noch dämpfen konnte. Aber sie hat es innerlich nicht verwunden. Sie sprach es offen aus: ‚Ich will Kinder haben. Darum will ich heiraten!' Und als dann dieser Doktor auftauchte, war sie überglücklich. Ob sie so lange nicht wußte, daß er nicht unseres Glaubens ist? Ob sie mich belog? Ich hatte eben ihr Vertrauen nicht mehr. Ich war soviel mit anderer Jugend beschäftigt, zu wenig mit der eigenen Tochter."

Frau Krüger schlug beide Hände vors Gesicht. Schwester Martha strich zart darüber. „Wenn du so die Vergangenheit im rechten Licht siehst und vor Gott ins reine bringst, dann handelt es sich nur noch darum, daß du deinen Weg in Zukunft recht gehst. Ich meine in deiner Arbeit in Obertenn und dann mit Edith."

„Das ist es gerade: ich mag in Obertenn niemand unter die Augen kommen. Du weißt: sie haben mich in das Presbyterium gewählt. Ich habe die Buchführung, überwache den Kirchendienst, halte Religionsunterricht, Jugendstunde, besuche Alte und Kranke. Daneben machen mir die Freizeiten am laufenden Band in unserem Haus viel Arbeit, nicht nur äußerlich. Ich übernehme Vorträge, Besprechungen, und der junge Pfarrer von Untertenn, der mit seinen vier Gemeinden schwer zu Rande kommt, überläßt mir hier gern, was nicht unbedingt seine Sache ist, und kehrt nur zur Orientierung jede Woche einmal ein, wenn er nach Mitteltenn durchfährt. Im ganzen haben die Menschen Zutrauen und kommen in das Gemeindehaus wie früher ins Pfarrhaus; aber weil wir immer den schmalen Weg schmal ließen, darum sind uns nicht alle freund, besonders nicht die Wirte, denen wir energisch, oft leider mit wenig Erfolg, die Kundschaft streitig zu machen versuchen.

Dazu ist es auch mit den Katholiken nicht ganz einfach. Obertenn ist konfessionell geteilt. Wohl ist unser Verhältnis zu den einheimischen Katholiken immer sehr gut, zu ernsten Familien fast freundschaftlich gewesen. Die Schulschwestern kehrten gern im Pfarrhaus ein. Aber es ziehen viel neue zu, die feindseliger eingestellt sind, und der jetzige Priester ist auch nicht wie sein Vorgänger. Wie wird nun diese Geschichte sich auswirken? Ich werde ganz einfach mich von allem zurückziehen müssen, auch aus dem Presbyterium."

„Das würde ich an mich herankommen lassen. Auf jeden Fall würde ich nichts vertuschen. Die Leute dürfen wissen, wie du zu der Sache stehst. Und wie wirst du es mit Edith halten?"

„Ich habe sie gebeten, bis auf weiteres nicht mehr heimzukommen. Auch habe ich nichts zu ihrer Aussteuer beigetragen. Aber du kannst dir nicht vorstellen, wie furchtbar schmerzlich ... das einzige Kind! Es zermürbt mich, vor allem die Frage, ob ich recht gehandelt habe. Ganz gewiß sind viele nicht mit mir einverstanden." –

„Mir scheint es für den Augenblick das Rechte. Man muß oft einen Strich ziehen, um eine Sachlage zu klären. Nur darfst du nicht bitter werden und feindselige Gefühle in dir aufkommen lassen. Du mußt stets bereit sein zu vergeben, sobald die Einsicht kommt, sogar dann, wenn nichts mehr zu ändern ist."

„Das will ich mir erbitten, Tag um Tag, und überhaupt die rechte Wegleitung. Der junge Mann ist übrigens tüchtig in seinem Beruf und ernst. Wenn er auf unsere Seite gegangen wäre ..."

„Dann wäre das Herzeleid auf der anderen gewesen. Das ist ja das Schlimme in diesen Fällen, daß wir von anderen das verlangen, was wir selbst nicht tun möchten."

„So ist es, Martha, und schon deswegen ist eine Mischehe ein Unglück, ganz abgesehen von den Folgen. Wenn ich an Kinder denke!" –

„Gewiß, das ist das größte Problem. Aber das würde ich dem Herrn überlassen. Er hat Wege, wo wir keine sehen. Darum sollst du dich nicht weiter grämen, sondern jetzt gründlich ausruhen, um hernach deinen Aufgaben wieder gewachsen zu sein." –

Schwester Martha hatte in den kurzen Tagen, da die Freundin bei ihr weilte, noch viel zu trösten. Aber dann kehrte Frau Amelie Krüger doch tapfer zurück nach Obertenn. Sie begegnete da und dort neugierigen, lauernden Blicken. Der Rößlewirt grüßte mit breitem Grinsen. Aber sie wartete auf die erste Frage. Die kam von einer Freundin des Gebetskreises. „Sag, Amelie, ist es wahr, was die Leute erzählen?"

„Ja", kam die feste Antwort. Aber die Lippen zitterten so, daß kein weiteres Wort darüber wollte. Und es wurde keine weitere Frage gewagt. Die zweite erfolgte einige Tage später vom alten Gutsnachbar Hamm, dem Freund ihres Mannes und ältesten Presbyter. Auch er erfuhr nicht mehr als das schmerzvolle Ja.

Als aber das Presbyterium am Samstagabend zum Gebet zusammenkam, hatte die Pfarrfrau so viel Kraft in den schlaflosen Nachtstunden gesammelt, daß sie nach der Textbesprechung und vor dem gemeinsamen Gebet sich aufraffen konnte, zu sagen: „Es ist euch wohl allen bekannt, was sich ereignet hat. Ihr werdet nicht daran zweifeln, daß diese Sache mich tief trifft. Ich empfinde es als ein Gericht, daß –

meine Tochter diesen verkehrten Weg eingeschlagen hat, und ich habe den Eindruck, daß ich nun meine Tätigkeit sowohl in diesem Kreis als auch in der Gemeinde niederlegen muß. Denn ihr wißt, daß die Schrift von denen, die in der Gemeinde ein Amt ausüben wollen, einen tadellosen Wandel und ein vorbildliches Familienleben verlangt."

Die vier Männer und die Freundin aus dem Gebetskreis, die als zweite Frau ins Presbyterium gewählt war, sahen sich bei diesen Worten erschrocken und verlegen an. Dann sprach der alte Hamm nach einer peinlichen Pause: „Darüber, Frau Pfarrer, wollen wir uns erst klar werden."

Amelie verstand und ging hinüber in ihre Wohnung. Und während sie dort vor ihrem Lager auf den Knien lag, besprachen sich die Männer. Grob, der als Familienvater mit seinen erwachsenen Töchtern manche Schwierigkeiten hatte und sich oft zu streng beurteilt glaubte, meinte: „Sie hat recht. Wie will man den anderen Vorhaltungen machen, wenn man selber ..."

Aber er wurde von seinem Nachbarn unterbrochen: „So, dann willst du also ihre Arbeit übernehmen? Wenn ich sie ansehe, wie sie unter dieser Sache leidet, dann werde ich mich schwer hüten, ihr irgendwie nahezutreten. Ich meine, wir müssen uns alle hinter sie stellen und ihr den Nacken steifen, daß sie nicht abhängt. Denn davon hat Obertenn nichts. Das ist nur ein Schaden für die Gemeinde und auch für das Jugendwerk. Wer soll sie ersetzen? Und daß kein Mensch auf dieser Welt vollkommen ist, wissen wir alle."

„Das meine ich auch — ja, das meine ich auch", nickte einer nach dem anderen.

„Dann sollte sie auch nicht so stur sein gegen die Tochter", wagte jetzt der vierte im Kreis das Wort. „Es heißt, sie hat sie verstoßen, und das ist auch nicht christlich." Die Männer sahen sich an. Man wußte, daß in der Familie des Sprechers ein ähnlicher Fall passiert war, freilich nicht mit gleicher Reaktion. Dann entgegnete der alte Hamm: „Paul, ich meine, das sind ihre Sachen. Das wollen wir ihr ruhig überlassen. Wie wäre es, wenn sie schön ja und amen dazu gesagt hätte? Dann könnte hier in Obertenn nie mehr ein Mensch gegen eine Mischehe reden. Und wir sind uns doch klar, wieviel Herzeleid und Uneinigkeit dadurch schon gerade bei uns in den Familien entstanden ist, von den Folgen für unsere Kirche gar nicht zu reden. Ich für mein Teil kann ihr darum nur danken, daß sie klare Stellung bezogen hat. Was es sie kostet, sieht man ihr ja an. Es wäre gut, andere Eltern würden sich ein Beispiel nehmen. Und sie wird auch wissen, wie weit sie zu gehen hat. Frau Heine, wollen Sie jetzt die Pfarrfrau holen?"

Als die blasse Frau in den Kreis zurückkehrte, streckten sich ihr vier arbeitsharte Männerhände entgegen, und der alte Hamm sprach mit heiserer Stimme: „Frau Pfarrer: 1. wir nehmen herzlich Anteil. 2. Wir drücken Ihnen unsere Hochachtung aus für Ihr Vorgehen in dieser Sache. 3. Wir wünschen einstimmig, daß zwischen uns und in Ihrer Arbeit alles beim alten bleibt. 4. Wir werden Ihnen in dieser Sache den Rücken decken, soviel wir können. Und nun wollen wir alles Gott anheimstellen. Wir beten." –

Amelie Krüger tat also ihren Dienst in Obertenn weiter. Aber sie war nicht mehr die alte. Es war schlimmer als damals nach dem Tod des geliebten Mannes. War irgendeine Feder in ihrem Inneren zersprungen? Die strahlenden Augen lagen tief in den Höhlen, oft rot gerändert, oft umflort. Die Wangen wurden schmal und schmäler, die flinken Hände zitterten. Und weil die Obertenner das mit Besorgnis feststellten, wagte sich keine Kritik mehr an sie heran. Es ging nur ein Wunsch durch die Herzen aller Obertenner Mütter, denen sie in so manchen Nöten beigestanden hatte: Sie soll doch das Mädel wieder kommen lassen!

Aber daran wagte Amelie nicht zu denken, so sehr auch ihr Mutterherz in langen Nachtstunden um das „verlorene Kind" litt und weinte. Sie versuchte in den trüben, öden Herbstwochen ihren Pflichten nachzukommen, so gut es ging. Als sie aber ihren Unterrichtskindern die erste Adventskerze am Kranz anzündete, da erfaßte sie ein Schwindel, daß sie sich an einer Bank festhalten mußte. Wie sollte sie die Adventszeit, wie vor allem Weihnachten ohne das Kind verleben? — Ohne das Kind, das gerade diese Wochen so besonders liebte und darum, sooft es irgend ging, daheim verbracht hatte? Ohne das Kind, das sonst über die Weihnachtstage die Gemeinde mit seinem herrlichen Orgelspiel entzückte und das Haus mit all den lieblichen Weihnachtsweisen belebte? Würde sie das überleben? Und würde das Altchen vor allem, die 84jährige Mutter ihres Mannes, die sie als kostbares Vermächtnis im Haus pflegte, nicht sterben vor Heimweh? Sie war dem irdischen Leben schon sehr fern gerückt, die liebe alte Bäuerin vom Lerchenhof. Darum hatte man ihr Ediths Heirat so kurz und so schonend als möglich mitgeteilt. Aber nun würde sie warten, warten.

Wie schwer war es doch, mit blutendem Herzen das alljährliche Kinderweihnachtsfest in der Obertenner Kirche vorzubereiten! Das Fest, an dem einst der geliebte Mann, an dem Gotthold und Christian, an dem Edithlein, die von allen verwöhnte kleine Schwester, nacheinander und zuletzt alle zusammen so beglückt und entzückt teilgenommen hatten. Und nun stand sie allein da – wie ein entblätterter Baum im Winter.

Ihre Freundinnen ahnten, was in ihr vorging, und eine um die andere nahm sie am Weihnachtsabend liebend in die Arme. Auch Schwester Martha war aus ihrem Schwarzwalddorf herbeigekommen. So war das Haus nicht leer, und wie sonst erklangen die Weihnachtsweisen, da Schwester Martha nicht vom Klavier wich. Aber dann brachte Sofie ein Paket, das sie im Hof gefunden hatte. Es wurde ausgepackt und enthielt, eingesponnen in Engelshaar und heimatliche Sterne, ein Kästchen mit einer goldenen Nadel „für Mutti", einen himmelblauen, molligweichen „Bettfrack" fürs Großele, ein Heizkissen für die gute Sofie und allerlei Süßigkeiten und Backwerk nach Mutters Rezepten. Und während das Großele im Sessel bewundernd anprobierte, verschwand Frau Amelie in ihrem Schlafzimmer und schloß die Tür hinter sich zu. Niemand wagte sie zu stören, bis sie nach einem halben Stündchen mit gewaschenem Angesicht herauskam, um das Abendbrot für die Gäste zu bereiten. Im Weihnachtszimmer aber saß im Sessel das liebe Altchen im himmelblauen Bettfrack und schluchzte bitterlich: „Warum kommt denn das Kind nicht heim?"

Frau Amelie hatte richtig befürchtet: Großeles Sehnsucht nach der Enkelin war aufgebrochen und ließ sich nicht mehr stillen. Jeder Tag brachte die gleiche Frage: „Wann kommt das Kind?“ Und als im eisigen Januar eine böse Bronchitis das Altchen niederzwang, machte der Arzt ein ernstes Gesicht: „Das Alter, Frau Pfarrer.“

Und Frau Amelie trat vor Gott mit der Frage: „Soll ich, darf ich, muß ich Edith rufen?“ Und sie bekam ein klares Ja. Sie verstand, daß Gott von ihr verlangte, dem alten Herzen auf dem Heimweg eine letzte große Freude zu bereiten. So saß am Wochenende das heißersehnte Kind am Lager der Großmutter und hielt die fiebrige, welke Hand. Hinter ihr stand Norbert, ihr rechtmäßiger Beschützer und Begleiter, und auf der anderen Seite des Bettes saß die Mutter. Jedes war dankbar, die peinvollen Minuten der Begrüßung überstanden zu haben, und nun galt das ganze Interesse der lieben Alten, die „das Kind“ mit ihren Liebkosungen überschüttete und immer wieder die Frage stellte: „Wo bist du denn *so lange* gesteckt?“ Und dann mußte der junge Arzt untersuchen und fand das Herz noch gut, trotz der sehr verschleimten Bronchien. Und die gelernte Krankenpflegerin mußte die leichte Alte herausheben und das Lager so kunstgerecht aufbauen, daß sie hernach dalag in dem himmelblauen Bettfrack wie eine Königin.

Aber das Großmütterchen, dessen Seele mehr und mehr dem diesseitigen Leben entglitt, war den Herzen der Ihren doch noch sehr nah. Es faßte plötzlich nach der Hand der Schwiegertochter, mit der es so innig verbunden war, und sagte: „Amelie, du Liebe, du hast einen Kummer. Wer hat dir wehgetan?“ Und forschend blickten die alten Augen im Kreis und entdeckten plötzlich aufsteigende Tränen. Ein ängstlicher Ausdruck trat auf das liebe gefurchte Antlitz: Was war geschehen? Und als niemand die bebenden

Lippen öffnete, um ihre Besorgnis zu zerstreuen, schlossen sich für einen Augenblick die so tief forschenden Augen. Dann aber öffneten sie sich wieder, und strahlend und gütig gingen sie von einem zum anderen, und die alten Lippen sprachen leise: „Es wird ganz gewiß wieder gut!" Da ließ die Mutter rasch die geliebte Hand los und ging aus dem Zimmer.

In der Woche nach Ostern folgte Edith an der Seite ihrer Mutter dem Sarg der lieben Großmutter. Sie stützte sich auf den Arm ihres Mannes, der aller Dorfsitte zum Trotz nicht dem Sarg voranging, sondern nur um seine Frau bemüht war. So bekam Obertenn das Bild eines sehr liebevollen, besorgten Gatten. Die Großmutter wurde an die Seite ihres Sohnes, „ihres Pfarrers", wie sie ihn immer genannt hatte, gebettet. Als Edith am Grab des Vaters stand, erblaßte sie. Fürsorglich führte sie ihr Mann in die Kirche voraus und betrat so zum erstenmal die Stätte der Wirksamkeit seines Schwiegervaters, diesen einst von Edith so heiß geliebten Ort. Und indem der junge Mann, der sich in einer evangelischen Kirche nicht fremd fühlte, die Schluchzende in seinen Armen hielt, ging ihm zum erstenmal etwas auf von der Tragik, die er ungewollt in eine Familie getragen hatte. Sein Auge suchte das kunstvoll geschnitzte Kruzifix auf dem Altar. Dann studierte er die alten Fresken an den Wänden, die die Leidensstationen Jesu darstellten; denn die Kirche stammte aus dem frühen Mittelalter. „Warum kann das nicht unser beider Kirche sein?" stieg es in ihm auf.

Noch am selben Abend reiste das junge Paar ab. Die Mutter aber wußte, daß die Tochter zum Spätsommer ein Kind erwartete, und nun war es dieser

Gedanke, der sie Tag und Nacht nicht mehr losließ und auf allen ihren Gängen begleitete. Ein Ereignis, das doch sonst eitel Freude in eine Familie tragen sollte, würde ihr zu bitterem Herzeleid werden. Sie konnte keinen Anteil haben an diesem Kind; denn dieses Kind mußte einer anderen Kirche angehören. Dort würde es getauft, dort unterwiesen werden, unterwiesen in Grundsätzen, die sie für Irrlehren halten mußte. Und das teure Glaubensgut, das die Väter mit ihrem Blut bezahlt hatten, würde ihm vorenthalten bleiben.

Frau Amelie forschte in diesem Frühling viel in den alten französischen Familienschriften, die so schwer zu entziffern waren und aus denen doch klar hervorging, wie ihr Urahne Claude Rochat Heimat und Vaterland verlassen hatte „pour l'évangile pur", für die reine Lehre. Hatte sie diese alten Familiengeschichten ihrem Kind nicht genug erklärt? Sollte sie ihr jetzt einiges aus dieser Chronik abschreiben und schicken? Aber Edith liebte die französische Sprache, die sie nicht sehr beherrschte, nicht. Und ihr Gatte würde wachen und ihr die Blätter nicht geben; denn er wollte sie nicht aufgeregt haben. Und wozu auch? Am Geschehenen war nichts mehr zu ändern.

Oberhalb ihres Heimes, tief im Wald versteckt, lag die Wallfahrtskirche Maria Tenn. Obertenn war ein nicht unbedeutender Wallfahrtsort, zu dem im Lauf des Jahres manche Prozession hinaufzog. Dann wurden die Bilder der Leidensstationen in den sonst leerstehenden Kästen am Weg entlang aufgehängt. Frau Pfarrer Krüger hatte bis dahin eine stille Vorliebe für diese Waldkirche gehabt. Sie war manchmal im Schatten des riesigen Kruzifixes davorgesessen, besonders wenn kein Mensch oben war, und hatte versucht, die Gedankengänge der Andersgläubigen zu verstehen. Sie genoß auch die Stille und Abgeschiedenheit dieses Ortes. Nun aber sah sie ihn plötzlich mit anderen Augen an. Nun sprangen ihr überall die Irrtümer entgegen. Und als im Mai die Kommunionkinder mit ihren weißen Kerzen hinaufzogen, ging ein Schwert durch ihre Seele. So würde Ediths Töchterlein – es war merkwürdigerweise bei ihr ausgemacht, daß es ein Töchterlein sein werde, – in der Prozession dahinziehen und der Jungfrau Maria Blumen streuen. Müßte sich nicht der glaubenstreue Ahne im Sarg umdrehen?

„Nein, er dreht sich nicht im Sarg um. Er steht vor dem Thron Gottes in Anbetung, was denkst du für krauses Zeug zusammen?" mußte sie sich eines Tages schelten.

Aber vor dem Thron Gottes gibt es keine Konfessionen. Und dieses Kind, würde es nie dort stehen? Würde eine Lücke sein in der Kette des glaubensstarken Geschlechtes? Was weißt du, o Menschenkind, von den Wegen Gottes über einem Leben? Hat Er nicht Macht, zurückzubringen? – Dazu war dieses Kind noch nicht geboren. Aber „viel besser nie geboren, als ewiglich verloren", ging ihr plötzlich ein alter Spruch durch den Sinn.

Von diesem Tag an betete Amelie, die Tochter aus dem Geschlecht der Hugenotten Rochat, täglich dies kühne, unerhörte Gebet: „Herr, laß das Kind lieber nicht geboren werden, wenn es unter dem verkehrten Schritt seiner Mutter leiden soll." Sie betete dieses Gebet einen wonnigen Mai hindurch, in dem täglich Prozessionen zur Marienkapelle hinaufwanderten. Sie betete es auch an den frühen Morgen und späten Abenden eines gewitterschwülen Juni, bis es ihr plötzlich entschwand, weil Jugendfreizeiten all ihr Denken, all ihr Interesse in Anspruch nahmen. Es wurde ihr aber jäh in die Erinnerung zurückgerufen an einem herrlichen Julimorgen, als sie mit einer Jungmädchenschar vor dem Haus spielte und sang.

Da trat der Briefträger zu ihr und reichte ihr die Post, und obenauf lag ein Brief, der Ediths Schriftzüge trug. Sie trat ins Haus, erbrach ihn und las:

„Liebe Mutter! Seit gestern bin ich wieder zu Hause. Ich lag einige Wochen im Krankenhaus. Blinddarm und Frühgeburt. Das Büblein war nicht lebensfähig. Du siehst also, es ist nicht nötig, sich über die Konfession eines Kindes zu grämen, bevor ..." Hier entglitt der Brief Amelies zitternder Hand und flatterte zu Boden. Sie warf sich nieder an der Stätte, wo sie so oft das unerhörte Gebet zu Gott emporgeschickt hatte, und ihr Herz konnte nur schreien: „O Gott, Du großer, Du schrecklicher, Du allmächtiger Gott! Erhörst Du so eines sündigen Menschen sündiges Gebet? Ich lege meinen Mund in den Staub."

Allmählich erst wurde es still in ihrem Innern, und sie konnte fassen, was geschehen war. Sollte sie Gott danken für die Erhörung, oder sollte sie um Verzeihung bitten? Denn hatte sie nicht das schwere Erleben auf ihr Kind herabgebetet? Durfte eine Mutter so bitten?

Als sie ganz still geworden war, schrieb sie Edith ein paar Zeilen: „Liebes Kind, über Deinen Brief bin ich sehr erschrocken. Nicht nur, weil Du, ohne daß ich es wußte, in Lebensgefahr schwebtest. Aber was Du mir mitteilst über Deine zerstörte Mutterhoffnung, hat mich tief erschüttert. Es scheint mir im Zusammenhang zu stehen mit meinem Gebet, das ich bis vor einigen Wochen immer wieder vor Gott bringen mußte. Ein unerhörtes Gebet, das Gott – ich fasse es selbst nicht – erhört hat. Möge es sich für uns alle dereinst zum Segen auswirken."

Den letzten Satz schrieb sie eigentlich wie unter einem inneren Zwang, aus dem Bedürfnis heraus, einen versöhnenden Schluß zu finden.

Der Brief erreichte am nächsten Tag seinen Bestimmungsort. Er kam zuerst in die Hand Norberts, der ihn sehr nachdenklich las und dann nur zögernd in Ediths ausgereckte Hand legte. Sie zerknüllte ihn und brach in heftiges Weinen aus. Der junge Mann hob ihn später vom Teppich auf, glättete ihn und legte ihn in seine Briefmappe.

Es war nicht zu verwundern, daß Mutter Amelie keine Antwort erhielt auf ihren Brief, obwohl ihre Gedanken täglich ihr Kind umgaben. Ja, nun trug sie das neue Geschehen durch den langsam wieder hereinbrechenden Herbst. Und zugleich wanderten ihre Gedanken weit, weit zurück. Wie glückselig war sie doch gewesen, als man ihr nacheinander Gotthold und Christian und zuletzt das süße Edithlein mit dem zarten, goldblonden Schopf in die Arme legte! Waren es nicht die wonnevollsten Stunden ihres Lebens? Und nun? Hatte sie selbst durch ihr unerhörtes Gebet ihr Kind um diese Wonne gebracht? Oder hätte Gottes Hand auch so eingegriffen? Das wußte sie nicht. Eins aber fühlte sie: Edith war tiefunglücklich, und sie hätte sie so gern getröstet und vermochte es nicht. Wie oft, wenn sie durch den bunten Obertenner Herbstwald ging, um da und dort einen neuen kleinen Erdenbürger in einem der Häuser am Berghang zu begrüßen, war es ihr, als hielte sie stille Zwiesprache mit ihrer Tochter. Oder ihr war, als führte sie das Kind bei der Hand die wohlvertrauten

Wege und beantwortete ihm die erwachenden Fragen nach dem Woher und Wohin der Menschen, oder als ruhte es noch klein und verschwiegen und wohlgeborgen unter ihrem Herzen. Ja, Mutter Amelie litt an Heimweh, weil sie nicht trösten konnte, nicht trösten durfte.

An Allerheiligen standen die beiden plötzlich vor der Tür mit einem Chrysanthemenkranz für Vaters und Großmutters Grab.

Wie gern nahm die warme, zart umsorgende Mutterliebe das hager gewordene Kind auf. Es war zugleich der Sonntag, an dem in Obertenn das Reformationsfest gefeiert wurde. Als Mutter sich zum Gottesdienst rüstete, konnte sie nicht anders, sie mußte fragen: „Kommst du mit, Edith?" — Edith konnte nicht nein sagen, und der ritterliche Gemahl konnte seine junge Frau nicht im Stich lassen. So saß die ganze Familie einträchtig im Gottesdienst — zur Freude und Genugtuung aller gutgesinnten Obertenner — und nahm die Reformationspredigt auf. Der junge Mann hörte zum erstenmal einen zusammenhängenden geschichtlichen Überblick über die Bedeutung der Reformation für die evangelische Christenheit. Edith aber wurde blaß und rot. Und daheim stampfte sie mit dem Fuß auf: „Hat der von Mischehen zu reden auf der Kanzel? Weiß er nichts Gescheiteres? Er soll erst einmal sorgen, daß er eine Frau findet." — Sie wußte, daß er einst an sie gedacht hatte, obwohl sie einige Jahre älter war als er. Als sie aber sah, wie ihrer Mutter unaufhaltsam die hellen Tränen über die bleichen Wangen liefen, verstummte sie. Und dann rief sie gequält: „Es ist wirklich nicht der Mühe wert, daß du weinst, Mutter, wirklich nicht", faßte ihren Mann bei der Hand und verabschiedete sich hastig.

In tiefem Schmerz sah die Mutter der Tochter nach. Nein, auch wenn sie noch so sehr ihr Glück zur Schau trug, im inneren Gleichgewicht war sie nicht.

Als die Weihnachtszeit herankam, erwachte in Mutter Amelie groß und stark der Wunsch, der Tochter eine Freude zu machen. Und sie erhielt die innere Gewißheit, daß Gott es ihr in diesem Jahr erlaubte. Wer weiß, vielleicht erblühte im kommenden Jahr dem jungen Paar eine neue Hoffnung. Dann mußte sie sich aufs neue zurückhalten.

Womit aber Edith erfreuen? Etwas Rechtes mußte es schon sein. Sie überdachte ihre Schätze und ihre Möglichkeiten und kam schließlich an des lieben Altchens kostbare Truhe mit dem bäuerlichen Rosengewinde, in der sie von alten Geschlechtern her handgemaltes Geschirr aufbewahrte, dessen einzelne Stücke begehrte Kostbarkeiten darstellten. Edith hatte ganz besondere Freude daran gehabt. Dazu die feinen, selbstgesponnenen, handgewebten Tischtücher, die mit Nadelspitzen zusammengenäht waren. An diesem Urväterhausrat würde Edith ohne Zweifel sich freuen. Aber wie nun die Sachen ihr zukommen lassen? Sie hinschicken? Oder die beiden in diesem Jahr zu Weihnachten einladen?

Sie besprach sich mit Schwester Martha. Die gab ihr den gleichen Rat wie schon einmal: „Ich würde alles rüsten und dann die Sache auf mich zukommen lassen. Das heißt, ich würde es Gott überlassen, ob Er sie an Weihnachten herschickt oder nicht."

Amelie lächelte. „Und wenn sie nicht kommen?"

„Nun, dann schickst du eben das fürstliche Geschenk hin. Sie nehmen's auch nach Weihnachten noch."

So wurde denn als größtes, schönstes und liebstes Weihnachtsgeschenk in diesem Jahr die großmütterliche Truhe gerüstet. Das alte Geschirr wurde blank gerieben, das kostbare Linnen gewaschen und geplättet. Dann wurden unzählige Pakete in Weihnachtspapier gehüllt, bebändert, beschriftet, bedichtet, mit Sternen und Tannenzweigen geschmückt. „Ein Liebesgedicht, das Ganze", sprach Schwester Martha, die, als sie wieder einmal hereingeschneit kam, den schweren Deckel heben durfte.

„Und nun hilf mir, daß wir die Truhe hinter den Weihnachtsbaum schieben", bat Amelie. Es war keine ganz kleine Arbeit. Als aber das Geschenk am Platz stand, schmückte Mutter Amelie mit seligem Herzklopfen wie kaum einmal in den Tagen ihres unzerstörten Familienglücks den Weihnachtsbaum mit den roten Äpfeln, den selbstgeschnittenen Sternen — es waren einige darunter, die Edith noch selbst bemalt hatte —, den Silbernüssen und den weißen Lichtern. Auf die Spitze kam der vom Alter etwas mitgenommene Engel mit dem goldenen Stern. Er durfte nicht fehlen; denn Edith hatte ihn heiß geliebt.

Als geheimnisvoll die goldenen und silbernen Fäden über den Tannenzweigen knisterten, hub in Mutter Amelies Seele das große, selige Warten an. Das Warten auf das, was Gott tun würde. Es ging mit ihr in den letzten Werktag und beschwingte die letzten Arbeiten. Es klang in den letzten Proben des lieben Festes in der Obertenner Kirche, und es trieb sie immer wieder an das Fenster, wenn das Pförtchen ging, und das ging gar oft an diesem Tage am Gemeindehaus von Obertenn.

Dann ein ganz schüchternes Klingelzeichen – und da standen sie.

„Nur auf einen Sprung, Mutter. Wir wollen gleich weiter zu Norberts Tante. Nur dies kleine Päckchen auf den Weihnachtstisch! Hier, Mutter! Es wird dich diesmal freuen. Ja!"

Die Mutter nahm das wirklich bescheidene Päcklein aus Ediths Hand.

„Wollt ihr nicht eintreten und ablegen? Oder habt ihr es wirklich so eilig?" Die junge Frau sah zu ihrem Mann auf. Nein, sie hatten es plötzlich nicht mehr eilig.

„O, Mutter, schon den Baum geschmückt! Wann ist die Feier in der Kirche?"

„Um 6 Uhr. Wollt ihr bleiben?"

„Was meinst du, Norbert? Ach ja, zu deiner Tante kommen wir noch früh genug."

Und nun legte Edith ab und trug auch ihres Mannes Überzieher hinaus zum Ständer.

„Was hast du noch zu tun, Mutter? Kann ich dir helfen? Wer ist da? Nur Schwester Martha? Das ist fein. Ich mag es nicht, wenn immer das Haus voll ist." Dann zog sie das Näschen kraus. „Hier riecht's ganz bestimmt nach deinen Lebkuchen." – Und die Mutter holte Weihnachtsgebäck herbei, und man fing an zu knabbern. Zwischendurch klingelte es wieder und wieder, und Blumendüfte erfüllten die Weihnachtsstube. „Wie du verwöhnt wirst, Mutter!"

Abends um 6 Uhr saß Edith mit ihrem Mann in der Weihnachtskirche, und ihr Auge, ihr Ohr, ihr Herz trank und genoß. Sie wußte es gar nicht, wie sehr sie sich nach diesem Weihnachtsfest in der Heimatkirche gesehnt hatte, genau wie nach einem verschlossenen Paradies. Sie war so versunken in diese schlichte Feier, die sich im Lauf der Jahre so wenig gewandelt hatte, daß sie den Mann an ihrer Seite völlig vergaß. Der aber war tief beeindruckt von der schlichten Darstellung der heiligen Geschichte und fühlte sich gar nicht fremd.

An die Feier in der Kirche schloß sich nach althergebrachter Sitte die Hausfeier. Da mußte man vor der Tür warten, bis Mutter die Kerzen angezündet hatte und das silberne Glöcklein erklang. Dann setzte man sich ans Klavier und spielte Weihnachtslieder. Man tat das alles wie im Traum und hatte es immer noch kein bißchen eilig.

Dabei konnte Mutter nun fast nicht mehr warten. Das stellte Edith neckisch fest; aber sie rührte sich nicht vom Klavierstuhl, bis Mutter energisch sagte: „Nun, Edith, willst du Sofie ihr Päckchen geben?"

Da endlich fing das Kind gehorsam an, wie in alter Zeit auszuteilen. Und nun legte sie auch Mutter ihr Päcklein in den Schoß: „Paß auf, es ist ein Brief drin. Wir wußten ja nicht, daß wir bleiben würden." Mutter aber war ganz bei *ihrer* großen Überraschung. „Ihr beide müßt wohl die Truhe unter dem Baum hervorziehen. Der heilige Christ hat sie für euch dahingestellt; aber Vorsicht, daß ihr den Baum nicht umwerft."

Etwas verblüfft sahen die beiden sich an. Aber schon lag Edith auf dem Teppich wie einst in seligen Kinderjahren und zog an einem der eichenen Füße. Und Norbert half kräftig mit. Und unter „Vorsicht, Vorsicht" kam endlich das alte Prunkstück aus seinem Versteck hervor, und Norbert probierte das kunstvoll geschmiedete Schloß. Da öffnete Mutter rasch auch ihr Päckchen und entfaltete etwas erschrocken ein knallrotes Seidentuch. Dabei fiel ihr ein Brieflein in die Hand, und weil ihr Auge der Brille bedurfte, ging sie, indem sie noch rasch einen Blick auf die sprachlosen Jungen warf, hinüber in ihr Zimmer. Wie tückisch sich doch immer dieser Brillenkobold verbarg, wenn man ihn schnell brauchte! Richtig im Mantel steckte er.

Und Mutter entfaltete das zierliche Blatt, auf dessen Vorderseite eine erleuchtete Kirche gemalt war im tiefen, weichen Weihnachtsschnee. Und sie las:

Liebe Mutter!

Diesmal möchten wir Dir zu Weihnachten eine besondere Freude bereiten. Wir möchten Dir versprechen, daß, wenn Gott uns wieder ein Kindlein schenkt, es — allem Vergangenen zum Trotz — in der lieben Obertenner Kirche getauft und im evangelischen Glauben erzogen werden soll. Du selbst sollst die Freude haben, als Patin das Kindlein zur Taufe zu tragen. Damit möchten wir ein wenig gutmachen, was wir dir angetan haben, und wir hoffen, du kannst es verzeihen und vergessen, damit wir in Frieden und Eintracht miteinander leben können.

Deine Kinder Edith und Norbert

Frau Amelie las, las und begriff nichts. Sie setzte sich auf ihren Bettrand nieder und las zum drittenmal. Und allmählich überströmte eine tiefe Freude ihr Herz. Das also hatten sich ihre Kinder für sie ausgedacht. Ihre beiden Kinder! War das zu begreifen? War das überhaupt möglich? — Aber sollte, durfte sie zweifeln, wenn Gott ihr diese Freude in den Schoß legte? Nun mußte sie hinüber, mußte den Kindern danken. Nein, fort durften sie in dieser Nacht nicht mehr.

Sie fand die beiden mit hochroten Köpfen immer noch am Auskramen. „O Mutter, was hast du dir ausgedacht!" rief Edith. „Und ihr!" sprach sie in tiefer Bewegung und küßte beide.

Dieser Weihnachtsabend war der schönste, den das Obertenner Gemeindehaus je erlebte. Er wollte kein Ende nehmen, und in später Nachtstunde bezog Schwester Martha noch Betten. Am Christtag aber saß die glückliche Familie zusammen im Festgottesdienst. Ehe man sich trennte, faßte Mutter Amelie noch einmal die Hände ihrer Kinder. „Ob das ausführbar ist, was ihr mir versprochen habt, weiß ich nicht. Ich nehme es einstweilen als euer Geschenk an und danke euch innig. Aber es ist nicht das, was mich am meisten freut. Am meisten überwältigt mich die göttliche Führung in dieser Sache. Nämlich, daß unsere beiden Geschenke so wunderbar zusammentreffen durften. Seht, hätte ich euch zuerst das meine gemacht, dann hätte ich in dem euren eine Antwort auf das meine gesehen, und es hätte ein großes Teil seiner Kostbarkeit für mich verloren. Und umgekehrt wäre es euch auch so gewesen, wenn ihr gedacht hättet, euer Brieflein ist die Ursache meines Geschenkes. Daß aber Gott unser aller Herzen in der Stille so einander nahegebracht hat, das beglückt mich sehr."

In diesen Weihnachtsferien empfing Mutter Amelie den Besuch ihres Neffen Ernst, der sich seit Ediths Verheiratung nicht hatte blicken lassen. Er kam, um seine Braut vorzustellen, eine liebliche Lehrerstochter aus der alten Familienheimat. Mit großem Staunen blickte er in das von innen heraus strahlende Antlitz der Tante. So hatte er sie sich nicht vorgestellt.

Sehr bald erfuhr er auch den Grund ihrer überströmenden Freude, und das helle Jungmännergesicht überflog eine jähe Röte.

„O Tante, wie mich das freut! Du glaubst nicht, welche Last mir seit Ediths Hochzeit auf der Seele lag. Ich fühlte mich mitschuldig an deinem Kummer. Nun bin ich um so froher, daß Norbert nachgibt und sie zu dir zurückfinden. Norbert ist wirklich ein feiner Kerl! Wenn er gewußt hätte ..." Er brach ab; denn es war nicht seine Sache, Edith zu beschuldigen. „Innerlich ist er längst von seiner Kirche gelöst. Nur ist er so treu veranlagt und auch so zartfühlend seiner Familie gegenüber. Und wenn er nun langsam und aus innerer Überzeugung sich unserem Glauben erschließt, dann ist es für dich um so schöner." Damit erhob sich der glückliche junge Mann rasch und zog die Braut nach. Es war doch ein sehr brenzliges Thema. „Wir haben noch so viel Besuche vor!"

Tante Amelie ließ sie lächelnd ziehen. Mochte ihr gemeinsamer Weg ein leichterer werden als der Weg der Ihren!

Auch Schwester Martha, die an einem schneeklaren Wintertag im Obertenner Gemeindehaus auftauchte, um eine Freizeit zu besprechen, freute sich am veränderten Aussehen der Freundin.

„So, nun wirst du doch wieder ein Mensch: rote Wangen, klare Augen, entfurchte Stirn. Das kommt natürlich von dem verheißenen Weihnachtsgeschenk. Hoffentlich läßt es nicht zu lang auf sich warten." Aber Mutter Amelie lächelte versonnen. „Laß ihm nur Zeit. Es muß reifen. Erst soll Edith ihr inneres Gleichgewicht wieder finden und Norbert in unserer

Kirche und vor allem in unserem Glaubensgut mehr zu Hause werden. Das kann für das Zukünftige nur ein Segen sein. Und dann erst werden sie auch die Kraft bekommen, allen Anstürmen zum Trotz den gefaßten Entschluß wahr zu machen."

„Da magst du sehr recht haben", bestätigte die Schwester nachdenklich. „Beten wir also kräftig darum, und warten wir in Geduld, bis die ‚gute und vollkommene Gabe' von oben kommt. — Im übrigen darfst du das Versprechen als eine Frucht deiner Haltung am Anfang ansehen. Hättest du nachgegeben, du hättest es nie empfangen." —

Am Palmsonntagmorgen fuhr Norberts neuer Wagen mit kühnem Schwung direkt vor die Obertenner Kirchtreppe und trieb die herbeiströmenden Kirchgänger auseinander. Dennoch streckten sich den Aussteigenden von allen Seiten freundliche Hände entgegen, und anerkennende Blicke folgten ihnen. Ediths Mutter, die bereits ihren Platz eingenommen hatte, sah zu ihrem nicht geringen Erstaunen plötzlich die Tochter, mit der ihre Gedanken eben beschäftigt waren, sich oben auf die Orgelbank schwingen an die Stelle des jungen, noch ungeübten und sehr gern abgelösten Organisten. Dann brausten Bachsche Fugen über die Festgemeinde hin und ließen manchen Kopf nach hinten schnellen. Norbert stand seiner Frau bewundernd zur Seite und wendete ihr die Notenblätter um. Dann aber folgte er sehr aufmerksam der Katechismusprüfung der Konfirmanden und mit innerer Bewegung der anschließenden heiligen Handlung. Nachher äußerte er sich bei Tisch: „Die Katechismuslehre ist eigentlich so verschieden nicht von der unseren. Nur kommen bei uns noch mehr die Kirchenväter und die Tradition zu Wort."

„Bei uns lernen sie auch noch eine Menge mehr", warf Edith ein. „Das läßt sich eben in dreiviertel Stunden nicht sagen."

„Klar. Ich meine aber, daß bei uns dem anderen mehr Bedeutung zugemessen wird. Und dann erscheint mir bei euch alles viel persönlicher. Dieser große Ernst der Entscheidung, vor den die Kinder gestellt werden, und dann dieser so persönliche Segen für jedes einzelne. Das ist ja wohl nur auf dem Land möglich, wo der Pfarrer jedes Kind näher kennt."

„Gewiß", entgegnete die Mutter, „dazu hängt es viel vom einzelnen Pfarrer selbst ab. Der unsere nimmt es ernst."

Sie freute sich von Herzen an der Anteilnahme und an dem Verständnis ihres Schwiegersohnes, der ihr mehr und mehr ans Herz wuchs.

Edith schwieg, wie gewöhnlich seit ihrer inneren Umstellung. Sie fühlte sich oft zum Widerspruch gereizt, mochte aber die Mutter nicht verletzen.

Diese konnte in dieser Stunde nur Liebe für ihr Kind empfinden. Niemand anders als die Tochter, die um die Sitten der Heimat Bescheid wußte, hatte den Mann herzugebracht. Also mußte ihr doch darangelegen sein, auch wenn sie es nicht aussprach, daß er sich innerlich anschloß.

Beim Abschied entging Edith nicht der forschende, fragend auf ihr ruhende Blick der Mutter, und sie wandte sich ab. „Nein, Mutter, du mußt wohl noch etwas Geduld haben. Es gibt noch kein süßes Geheimnis zu verraten."

Wie gut, daß Mutter Amelie das Wort „Geduld" auf die Siegesfahne gestickt hatte, die sie einst am großen Tauffest im Obertenner Kirchlein schwingen würde. Denn Tage und Wochen reihten sich zu Monaten und Jahren. Edith wollte ihren 35. Geburtstag feiern und lud ihre Mutter dazu ein. Diese sagte zu und betrat zum erstenmal das Heim der Tochter. Sie freute sich des lieben Empfangs – man tat, was man ihr an den Augen absehen konnte –, der trauten Häuslichkeit am Rande der Großstadt, der hausfraulichen Tüchtigkeit der Tochter, der offensichtlich harmonischen Ehe, vor allem aber der ernsten Fragen, die um das Tiefste gingen und die der Schwiegersohn mehr und mehr in seiner freien Zeit vor ihr ausbreitete.

Bis in die späten oder fast frühen Stunden saß man zusammen in den hochlehnigen, buntbestickten Sesseln des Studierzimmers, und die Mutter versuchte, dem aufrichtigen und aufgeschlossenen jungen Mann den klaren Weg des alleinigen Heils in Christus zu zeigen.

Der letzte Abend war gekommen. Wieder hatte man sich im traulichen Erker zusammengefunden. Leise brach die Dämmerung herein. Ein erfrischender Wind vom Tal fing sich in den schweren, grünblättrigen Vorhängen und fächelte angenehme Kühle. Die allmählich aufblitzenden Sterne winkten durchs breitgeöffnete Fenster. Hinter den fernen Berghängen stieg silberklar die schmale Sichel des Mondes auf. Man verzichtete auf das helle Licht der modernen Lampe in der Ecke. Es sprach sich ungehemmter. Und Stunde um Stunde glitt unbemerkt über die drei Menschen dahin.

Wollte man sich heute überhaupt nicht trennen? Edith gähnte und warf Norbert einen aufmunternden Blick zu. Da hob dieser an: „Mutter, nun sollst du es wissen, daß wir an einem Wendepunkt unseres

Lebens stehn." Er sah das freudige Aufleuchten im mütterlichen Angesicht und hielt inne. Zögernd fuhr er fort: „Nein, Mutter, es ist leider nicht das, was du meinst, leider nicht. Ediths Ärztin hat ihr vor einigen Wochen schonend, aber doch eindeutig – Wunder sind natürlich immer möglich – die Hoffnung auf Mutterfreuden genommen. Wir hatten uns schon länger und nun auch ihr die Frage gestellt. Es war eine schwere Enttäuschung für uns. *Noch* schwerer als für dich, Großmutter" – er sah wohl die aufquellenden Tränen in den dunkeln Augen gegenüber. „Aber wir haben uns zu einem Ja zu den Wegen Gottes und auch zum Verständnis dieser Wege durchgerungen. Da ist uns manches klargeworden. Einmal, daß der Mensch sich nichts nehmen kann – auch kein Kind –, es werde ihm denn gegeben vom Himmel. Und wir waren der Himmelsgabe wohl nicht wert. – Dann, daß man sich das Geschenk auch nicht mit einem Opfer erkaufen kann. Unser Weihnachtsversprechen vor Jahren, Mutter, war ein Opfer für mich, da ich damit rechnen mußte, meine Familie zu verletzen. Aber auch dies, daß Gott in besonderer Weise Seine Hand auf unser Leben legt. Er hat es schon getan, als Er Edith in Seinen Dienst rief und in mich in früher Jugend die Sehnsucht nach dem Priesteramt legte, die meine Eltern nicht verstanden. Aber wir sind Ihm entglitten. Nun holt Er zurück, auch von Umwegen und Irrwegen. Und weil Er uns dennoch haben will, darum soll Er uns jetzt haben. Er hat uns aufs Herz gelegt, Ihm an kranken und heimatlosen Kindern zu dienen. Das benötigt einige Jahre Spezialstudium für mich, das ich bei eingeschränkter Praxis sofort beginnen will. Auch Edith wird, soviel ihre Zeit es erlaubt, medizinische Vorlesungen hören, damit sie mir recht zur Seite stehen kann. Das Haus, das wir benötigen, hat uns Gott bereits gezeigt. Du wirst sehr erstaunt sein, Mutter: wir sind in Verhandlung mit dem alten Hamm, dessen Gutshaus, weil er keine Kinder hat, noch nicht wieder aufgebaut ist seit dem Krieg. Ein befreundeter Architekt arbeitet bereits die Baupläne aus. Was sagst du dazu, Mutter, wenn wir deine Nachbarn werden?"

Forschend blickte er in das Antlitz, das im Mondlicht sehr blaß schimmerte. Dann streckte er ihr die Hand entgegen: „O Mutter, du sollst nicht fürchten, daß unsere Anwesenheit für dich zu einer Quelle von Schwierigkeiten wird. Ich verstehe dich, verstehe auch deine frühere Handlungsweise. Ich weiß, wohin Edith gehört, und trete gern an ihre Seite. Du wirst von mir nicht verlangen, daß ich durch einen öffentlichen Schritt eine schadhafte Form mit einer nicht fehlerfreien vertausche; aber die Kirche von Obertenn ist mir lieb und vertraut geworden, stammt sie doch aus einer Zeit, da es noch keine Trennung gab. Ich werde mich darin immer heimischer fühlen" — nun bebte seine Stimme — „auch wenn nie mein Kind in ihr zur Taufe gebracht werden wird."

Er vergrub sein Gesicht in den Händen, und eine schmerzerfüllte Stille trat zwischen die drei Menschen. Da kam wie aus weiter Ferne Mutters Stimme: „Und die Kirche von Maria Tenn?"

„Der bin ich entwachsen wie einem Kindergarten, Mutter. Vielleicht werde ich einmal meine Hände in die Quelle dort oben tauchen und daraus einen Trunk tun. Vielleicht werden unsere Kindlein auf den Sockel am Kruzifix ihre Blümlein niederlegen. Unsere Kindlein, Mutter! Schlägt dein Großmutterherz ihnen nicht entgegen? Wie werden seine Schätze ausgereckte

Händlein finden! Vielleicht wirst du eine oder die andere deiner Wirksamkeiten abbauen können, um uns mit Rat und Tat etwas beizustehn. Wir aber, Edith und ich, wir werden ihnen unsere Liebe schenken in Erinnerung an unseren kleinen Christian, dem ein unerhörtes und dennoch erhörtes Muttergebet den Weg in dies Erdendasein verwehrt hat. Kein Vorwurf, Mutter! Die kleine Seele ist geborgen. Vielleicht hätte ihn uns Gott sowieso genommen, weil dein Segen fehlte. Und wie leicht hätte Er uns Ersatz schenken können! Darum denke nie, daß du es warst, die uns der Freude beraubt hat. Hinter all diesen Eingriffen in unser Leben steht Sein unerforschlicher, heiliger, dreimal heiliger Wille."

Die letzten Worte kamen sehr langsam, sehr eindringlich über die Lippen des tiefbewegten Sprechers. Dann beugte er sich über die bitterlich schluchzende Edith an seiner Seite.

Die Mutter aber erhob sich und umfaßte fest und innig ihre beiden, ihr nun ganz geschenkten Kinder: „Möge euer Entschluß von Seinem heiligen Willen gewirkt sein", sprach sie, „möge Seine Hand euch formen und bilden zu dieser Aufgabe. Möge Er euch zur Ausführung Seinen Segen schenken. Den meinen habt ihr."

INHALT

